Daniel Cohn-Bendit
Guy Verhofstadt

FÜR EUROPA!

Ein Manifest

Deutsch von Philipp Blom

Carl Hanser Verlag

Titel der Originalausgabe:
Voor Europa!
De Bezige Bij, Antwerpen 2012

»Für Europa!« wurde aus dem Niederländischen übersetzt,
das »Interview« aus dem Französischen.

1 2 3 4 5   16 15 14 13 12

ISBN 978-3-446-24187-9
© 2012 De Bezige Bij Antwerpen,
Daniel Cohn-Bendit und Guy Verhofstadt
Alle Rechte der deutschen Ausgabe:
© 2012 Carl Hanser Verlag München
Satz im Verlag
Druck und Bindung: Friedrich Pustet, Regensburg
Printed in Germany

MIX
Papier aus verantwor-
tungsvollen Quellen
FSC
www.fsc.org   FSC® C014889

Inhalt

Für Europa! 7
    Ein Manifest

Interview 69
    Daniel Cohn-Bendit und Guy Verhofstadt
    im Gespräch mit Jean Quatremer

FÜR EUROPA!

Ein Manifest

1

ANGRIFF IST DIE BESTE VERTEIDIGUNG. Europa wankt in seinen Grundfesten. Die Eurokrise wütet ungehindert. Aber diese Krise ist nur ein Symptom einer viel tieferen Krise, einer Krise, mit der die EU seit langem ringt. Eine existentielle Krise. Eine komplexe Krise. Eine »Poly-Krise«, wie Edgar Morin es nennt: wirtschaftlich, demographisch, ökologisch, politisch und institutionell.

Die neuen, aufstrebenden Märkte auf anderen Kontinenten holen uns rasend schnell ein, während wir kaum noch in der Lage sind, ausreichend Wachstum und Innovation zu schaffen. Gleichzeitig altert und vergreist Europa vor unseren Augen, während die Bevölkerung in anderen Weltteilen spektakulär wächst und sich rasend schnell verjüngt. Für die systemische Umwandlung unserer von den fossilen Brennstoffen versklavten Wirtschaft benötigen wir enorme finanzielle Mittel, die wir kaum mobilisieren können.

Wenn es darauf ankommt, bleibt die Europäische Union ein uneiniger Kontinent, in siebenundzwanzig Brocken aufgeteilt, während wir unsere Interessen gleichzeitig mit immer mehr Nachdruck gegen wirtschaftliche und politische Großmächte vom Kaliber Chinas, Indiens, Brasiliens, Russlands oder der Vereinigten Staaten verteidigen müssen. Kurzum: Europa bietet täglich mehr den Anblick einer alten, abgelebten

Dame; ein marginalisierter Kontinent, der sich nur mit Mühe in einem neuen Zeitalter und einer neuen Welt zurechtfindet; ein Kontinent geschlagen mit nationaler Blindheit, ohne Ehrgeiz, ohne Ausstrahlung und ohne Hoffnung.

Es ist dramatisch, dass all dies gerade der Europäischen Union zum Vorwurf gemacht wird. Es ist die Union, die uns die Eurokrise eingebrockt hat. Es ist die Union, die durch Einsparungen die Rezession verursacht hat. Es ist die Union, die verantwortlich ist für die Auswüchse der Globalisierung. Und es ist auch die Union, die ihre Bürger der Politik definitiv entfremdet hat. Das ist absurd! Unsinn! Die Mitgliedsstaaten tragen die volle Verantwortung für das heutige Debakel. Ihre Unfähigkeit hat in die Eurokrise geführt. Ihre Inkonsequenz hat eine Rezession verursacht. Durch ihre Blindheit sinkt Europa in einer Weltordnung ab, in der wir keine wesentliche Rolle mehr spielen.

Wie dem auch sei, nie zuvor war das europäische Projekt so stark unter Druck wie heute. Nie zuvor wurde öffentlich die Frage gestellt, ob es denn noch einen Sinn habe, mit der europäischen Einigung weiterzumachen. Nie zuvor wendeten sich die Bürger so zahlreich von der Vereinigung des europäischen Kontinents ab. Nie zuvor haben sich auch so wenige wichtige Politiker voll hinter das europäische Projekt gestellt, haben so wenige resolut eine europäische Vision entwickelt, die unerschrocken die europäische Zukunft für ihr Land und ihre Bevölkerung voranbringt. In die Ecke gedrängt durch die Eurokrise und durch den ältesten Feind Europas – das Europa der Nationalstaaten –, schwören sie im besten Fall auf den Status quo, auf das, was heute besteht. Nur macht die gegenwärtige »Poly-Krise« deutlich, dass dieser Status quo keinen Ausweg bietet. Entweder legen wir jetzt einen kräftigen Zahn zu auf dem Weg zu einem echten vereinigten und föderalen Europa – nicht zu einem zentralisierten Superstaat –, oder wir klammern uns weiterhin an den Nationalstaaten fest und verlieren damit unwiderruflich jede Hoffnung, in der globalisierten Welt des einundzwanzigsten Jahrhunderts eine maßgebliche Rolle zu spielen.

NUR EIN FRONTALANGRIFF KANN UNS NOCH RETTEN. Ein gezielter Angriff auf die tatsächliche Ursache dieser Krise: den Unwillen der Nationalstaaten, ein wirklich vereinigtes und föderales Europa zustande zu bringen. Oder besser gesagt: ihre mangelnde Bereitschaft, an so ein vereinigtes und föderales Europa mehr Macht zu übertragen. Die Realität von Europa ist ergreifend: Es ist der Egoismus der Mitgliedsstaaten, der jetzt den Kurs bestimmt, und nicht das gemeinsame europäische Interesse, nicht das Interesse aller Bürger und Völker Europas. Solange dieses nationale Eigeninteresse, dieser Egoismus überwiegt, kann Europa unmöglich gerettet werden.

Um Europa einen neuen Elan zu verschaffen, müssen wir entschlossen die europäische Karte spielen. Die Karte eines Kontinents, der uns niemals zuvor so viel Wohlstand, so viel Frieden, so viele Rechte und so viele Perspektiven bot. Lass nicht zu, dass lediglich nationale Kalküle solche Perspektiven durchkreuzen. Und erinnere dich, dass, wie oben gesagt, Angriff die beste Verteidigung ist. Ein Angriff für mehr, nicht weniger Europa. Die Wahl zwischen einem vereinigten Europa und einem zersplitterten, überholten Europa, dem Europa der Nationalstaaten.

Verweigere dabei allzu träge Reformen. Dafür ist die Lage viel zu ernst. Fordere einen Quantensprung, einen großen Sprung in Richtung eines echten vereinigten und föderalen

Europa. Winzige Schritte vorwärts sind wie Mäusegetrippel und werden weder die Bürger noch die Märkte überzeugen. Überzeugen kann nur ein anderes Europa, ein föderales Europa. Nicht das Europa von heute, das Europa der Nationalstaaten, das die Eurokrise seit nun schon fast drei Jahren wie einen Mühlstein um den Hals trägt. Ohne von Grund auf zu ändern, was verändert werden muss. Ohne den europäischen Bürgern und Völkern wieder Hoffnung und neue Perspektiven zu bieten.

BEGREIFE, WIE ERNST DIE BEDROHUNG IST. Die Bedrohung betrifft zuerst alle Menschen und Firmen, die in einem der siebzehn Länder der Eurozone leben und aktiv sind. In Ländern, die ihren heutigen Wohlstand im Wesentlichen gerade dem Bestehen einer Einheitswährung zu verdanken haben. Eine Währung, die dafür gesorgt hat, dass finanzielle Hindernisse weggeräumt wurden, dass die Verluste mit unterschiedlichen Wechselkursen der Vergangenheit angehören, dass der europäische Handel einen unerhörten Aufschwung genommen hat. Das alles und noch viel mehr droht mit dem Verschwinden des Euro wieder verlorenzugehen. Eine wahre Katastrophe.

Wie um Himmels willen konnte es so weit kommen? Was ist falsch gelaufen? Wann sind die Dinge aus dem Ruder gelaufen? Sagen wir es offen: Die Erfinder des Euro und der Eurozone machten von Anfang an einen kapitalen Fehler. Sie unterzeichneten zwar um der Vorteile willen, die eine Einheitswährung mit sich bringt, aber über die Pflichten und die Verteilung der Lasten konnten sie sich nicht einig werden. Die Vorteile waren und sind noch immer die europäische Währungseinheit selbst, der Euro, die niedrige Inflation, die niedrigen Zinssätze. Die Verpflichtungen auf der anderen Seite verlangen aber nach einer strikt integrierten wirtschaftlichen und finanziellen Politik, einer Politik, die in allen Ländern des Euro dieselbe ist. Den Euro haben zu wollen ohne ein integriertes Europa aufzubauen ist ein Widerspruch, eine Unmöglichkeit.

Das ist der Kern der heutigen Krise: Eine gemeinschaftliche Währung ist unvereinbar mit dem Fortbestehen der alten Nationalstaaten, zumindest in ihrer heutigen Erscheinungsform. Entweder es resultiert daraus eine föderale Staatsgründung und ein postnationales Europa erblickt das Licht der Welt, oder die europäische Währung wird verschwinden. Es gibt keine Zwischenlösung. Du musst verstehen, dass das Auseinanderfallen der Eurozone auch das Todesurteil für die Europäische Union sein wird. Der Euro steht für drei Viertel des europäischen Bruttoinlandsproduktes. Wenn der Euro fällt, fällt auch die Union. Kurzum: Es ist die Zukunft von Europa selbst, die hier auf dem Spiel steht.

ACHTE, WAS UNS VEREINIGT, NICHT, WAS UNS ENTZWEIT. Wisse, dass nur ein vereinigtes Europa in der Welt von morgen noch eine wesentliche Rolle spielen kann. Die Zukunft ist sonnenklar. Die Welt ist unverkennbar auf dem Weg zu einer historischen Vereinigung. Eine Welt mit sicherlich fünftausend lebenden Sprachen und Kulturen kennt doch weniger als zweihundert Staaten. Und diese zweihundert Staaten formen ein knappes Dutzend wirtschaftliche Großmächte und Interessenvereinigungen. Sie sind es, die das Los der globalen Ökonomie bestimmen sollten.

Es waren europäische Mächte, die die ersten Schritte in Richtung Globalisierung unternahmen, indem sie allmählich gewaltsam von drei Viertel der Erdoberfläche Besitz ergriffen, indem sie dem Rest der Welt Demokratie und Rechtsstaatlichkeit vorspiegelten und indem sie sich zur ersten ökonomischen Großmacht der Welt entwickelten. In dem Augenblick, in dem in anderen Ländern die Idee von regionalen Zusammenschlüssen langsam Gestalt annimmt, rudert Europa zurück zum überholten Konzept des Nationalstaates. Das ist ein strategischer Irrtum von Format. Es ist geradezu Selbstmord! Denn es ist töricht zu glauben, dass Nationalstaaten heute noch in der Lage sind, die wirtschaftlichen und finanziellen Belange ihrer Bürger zu vertreten und zu verteidigen. Innerhalb von nur fünfundzwanzig Jahren wird kein einziges europäisches Land mehr zu den Mächten zählen, die das Weltgeschehen bestimmen. Der Klub der reichsten Länder, die sogenannten G-8, wird dann aus den Vereinigten Staaten, China, Indien, Japan, Brasilien, Russland, Mexiko und Indonesien bestehen. Nicht ein europäisches Land, inklusive Deutschland, wird daran teilnehmen. Allerdings ist sowohl heute als auch morgen ein starkes und vereinigtes Europa der mächtigste und wohlhabendste Kontinent der Welt; reicher als Amerika, mächtiger als alle neuen Imperien zusammen.

Es gibt noch einen zweiten Grund, warum es ein fundamentaler Irrtum ist, die europäische Integration nicht zu beschleunigen, nämlich die rasend fortschreitende wirtschaftliche und finanzielle Globalisierung selbst. Seit der Finanzkrise 2008 wissen wir, dass die Globalisierung dringend ein politisches Gegengewicht braucht, um angemessen zu funktionieren. Nationale Kontrollinstanzen sind den Auswüchsen der multinationalen Finanzkonzerne nicht gewachsen. Sie operieren mit Lichtgeschwindigkeit in Finanzmärkten, die den gesamten Globus umspannen. Nur ein vereinigtes Europa kann am Entwurf einer neuen, weltweiten Wirtschafts- und Finanzregulierung federführend beteiligt sein.

Nur wenn Europa sowohl auf wirtschaftlichem als auch auf politischem Gebiet eine Einheit formt, haben wir eine Chance, unsere Werte und Prinzipien am Verhandlungstisch zu vertreten und entsprechende Lösungen zu finden. Wenn wir das nicht tun, dann werden die Interessen von Indien, China oder von anderen asiatischen Schwellenländern das Resultat bestimmen. Bis zu diesem Zeitpunkt hat die nordatlantische Welt das Ruder weltweit in Händen gehabt – mit guten und mit schlechten Resultaten. Das wird sich grundlegend ändern, besonders da Europa nicht imstande zu sein scheint, mit einer Stimme zu sprechen. Dann verschwindet aber nicht allein die nordatlantische Allianz, dann zerbröckelt auch der europäische Kontinent. Wenn wir stillstehen, werden wir ein unbedeutender Machtfaktor in einer Welt, die sich immer stärker um den Stillen Ozean schart. Kurzum: Ein wirtschaftlicher Gezeitenwechsel drängt sich auf. Sonst droht der Einfluss unserer zweitausendjährigen Kultur einfach weggefegt zu werden.

ERKENNE DEINE GEGNER. Wer nationale Interessen gegen die Interessen Europas und seiner Bürger stellt, macht einen fatalen Fehler. Die Globalisierung ist nicht umkehrbar. Und innerhalb der Globalisierung kann das Interesse der europäischen Bürger ausschließlich durch eine starke Europäische Union vertreten werden. Es ist wahr, dass die Globalisierung ein ganzes Spektrum an Möglichkeiten eröffnet. Es ist auch korrekt, dass ihre Dynamik schnell umschlagen und für Millionen zu einem Drama werden kann. Doch nicht die Globalisierung an sich ist problematisch, sondern unsere Unfähigkeit, sie zu begleiten und für unsere eigenen Zwecke zu nutzen.

Noch mal: Es gibt keinen einzigen Grund, sich vor der Globalisierung zu fürchten. Anstatt zu versuchen, uns dagegen zu widersetzen, müssen wir die weltweite Vernetzung beeinflussen, begleiten, weiterbringen und ihr ein soziales, ökologisches und politisches Gesicht geben. Wir müssen mit einer sozialen, ökologischen und politischen Globalisierung anfangen, parallel zu der ökonomischen, kommerziellen und finanziellen Vernetzung, die wir schon kennen. Es ist ein unerträgliches Paradox, dass die politische Entscheidungsfindung in dieser Welt noch immer auf nationalen Staaten beruht, während weder der Weltmarkt noch die Finanzwelt Staatsgrenzen respektieren. Dieses Paradox kann nur aufgehoben werden, wenn wir auch die politische Entscheidungsfindung internationalisieren, mit anderen Worten eine alternative Globalisierung betreiben.

Ein solcher Übergang hin zu einer *global governance* geschieht nicht von heute auf morgen. Wir müssen nicht gleich an eine Weltregierung denken. Aber es ist absolut denkbar, die notwendigen politischen Entscheidungen auf Weltniveau vorzubereiten und sie dann in einem weltumspannenden Netzwerk von großen Staaten und kontinentalen Kooperationsgemeinschaften zu beschließen. Ob es nun um die G-8 oder die G-20 geht, den Weltsicherheitsrat der Vereinten Nationen oder den International Monetary Fund, die großen Länder müssen mit den wichtigsten internationalen Organisationen zusammenarbeiten und könnten so eine Vorhut bilden, die einen politischen Rahmen setzt, innerhalb dessen sich die Globalisierung weiterentwickeln soll.

Es ist an der Europäischen Union, hier den Weg zu weisen. Es ist nicht schwierig. Im Gegenteil. Es wäre sehr einfach, die Sessel, die verschiedene EU-Mitgliedsstaaten in diesen Organisationen einnehmen, zu Plätzen für Abgeordnete der gesamten Union umzuwidmen: im UN-Sicherheitsrat, in der Weltbank, beim Internationalen Währungsfonds (IWF) und in allen anderen internationalen Organisationen. Dass es auch sechzig Jahre nach dem Zustandekommen der Europäischen Union noch immer Länder wie Frankreich und Großbritannien gibt, die das nicht einsehen wollen, ist erbärmlich. Beide klammern sich noch immer krampfhaft an überholte Rechte und Privilegien, ohne wirklich zu verstehen, dass sie keine wichtige Rolle mehr spielen. Ein »Krampf« von extremer Kurzsichtigkeit, denn so bringen sie die Europäische Union um die historische Chance, ihren Größenvorteil voll auszuspielen und aktiv Einfluss auf das Weltgeschehen auszuüben.

BLICKE NACH VORNE, NICHT ZURÜCK. Denk daran, wie die Welt in zwanzig oder dreißig Jahren aussehen wird, und nicht, wie sie vor zwanzig oder dreißig Jahren ausgesehen hat. Seit 1927 hat sich die Weltbevölkerung verdreifacht. Zwei Milliarden sind zu sieben Milliarden geworden. In vierzig Jahren sind es sicher zehn Milliarden Menschen. Eine ähnlich revolutionäre Umwälzung ist, dass inzwischen die Hälfte aller Menschen in urbanen Agglomerationen lebt und dass es bis zum Ende dieses Jahrhunderts sicherlich an die drei Viertel sein werden.

Wir sind Zeugen einer doppelten demographischen Revolution ohne historische Parallele. Niemals zuvor gab es auf der Erde so viele Städte, mit allen Folgen für den inakzeptablen Kontrast zwischen Reich und Arm, für Arbeitsplätze und Ernährungsversorgung, für Bildung und Gesundheit, für unseren Energiebedarf und unsere Mobilität, für die Sicherheit aller, für alles, was wir produzieren und konsumieren, für die Umwelt und für die drohende Klimaveränderung. Die meisten Probleme, mit denen die Menschen in der nahen Zukunft umgehen müssen, werden weltumspannend sein. Was Menschen und Völker tun oder lassen, wird immer nachdrücklicher Auswirkungen auf den gesamten Planeten haben. Bei der Lösung dieser weltumspannenden Herausforderungen werden individuelle Staaten kaum noch zählen, wenn sie nicht die Größe von China, Indien, Amerika und Russland haben – eigentlich Imperien, die viele Länder in sich vereinigen. In der Welt von morgen spielen einzelne europäische Länder keine signifikante Rolle mehr, nur Europa oder die Europäische Union können das. Natürlich: wenn es uns gelingt, am selben Strang zu ziehen, wenn es uns gelingt, mit einer Stimme zu sprechen.

ABER ES STEHT MEHR AUF DEM SPIEL. Mehr Europa ist nicht nur notwendig, um eine Chance zu haben, den planetaren Problemen auf den Leib zu rücken, sondern auch um, koste es, was es wolle, unsere Position in der Welt sicherzustellen, unsere Lebensweisen zu bewahren, wie unterschiedlich voneinander sie auch sein mögen. Mehr Europa ist die einzige Garantie, um unseren Wohlstand, unsere sozialen Errungenschaften und unsere kulturelle Diversität zu bewahren. Die politische Realität sieht allerdings so aus, dass wir Gefahr laufen, erworbene Rechte zu verlieren, weil wir nicht imstande sind, adäquate Antworten auf die Herausforderungen von heute zu formulieren. In der Politik führt Trägheit immer zu Rückschritten, zum Verlust dessen, was uns am kostbarsten ist.

Viele sind vom Gegenteil überzeugt. Sowohl »rechts« als auch »links« ist es in Mode gekommen, die Souveränität des Nationalstaats anzubeten. Man hält sich an Vorstellungen von früher fest, wo souveräne Staaten die beste Garantie gegen soziale Unsicherheit waren. Menschen werden arbeitslos, verlieren ihre Unterstützung, werden ihrer Anstellung beraubt oder leben am Rand der Gesellschaft, die für die Kosten der

Globalisierung zahlen muss. Dem gegenüber steht der Nationalstaat, der als Hafen des Friedens und des Wohlstandes verherrlicht wird. Ein geschützter Raum, der neben Erziehung und Bildung auch ein Einkommen und eine soziale Sicherung garantiert. Von dieser Seite wird die Europäische Union an den Pranger gestellt und als eine Art fünfte Kolonne gebrandmarkt, die versucht, die Bürger einer Wirtschaftsordnung zu unterwerfen, und die den sozialen Zusammenhang völlig zerstört.

Aber dieses Argument verkennt den eigentlichen Feind. Wie verständlich ihre Kritik an der Entwicklung der Welt und der Gesellschaft auch sein mag – die Lösungen, die sie anbieten, sind am wenigsten dazu geeignet, diese Probleme zu lösen. Wie die alten Nationalstaaten nicht imstande waren, die Auslagerung von Arbeitsplätzen zu verhindern, sind sie auch völlig außerstande, in der globalisierten Welt von morgen unsere sozialen Errungenschaften zu sichern. Das sieht man täglich. In Griechenland. In Portugal. In Spanien. Nur die Europäische Union kann Strategien entwickeln, um soziales Dumping zu bekämpfen, die sozialen Rechte aller europäischen Bürger zu garantieren und die Armut zu besiegen. Nur Europa kann die BRICS-Staaten (Brasilien, Russland, Indien, China und Südafrika) und andere wachsende Ökonomien auf dieser Erde dazu bringen, ihrerseits unverzichtbare ökologische und soziale Normen zu achten, ohne die das Leben auf diesem Planeten unerträglich wird. Es ist absurd zu behaupten, dass wir die Ereignisse dieser Welt außerhalb unserer nationalen Grenzen halten können. Dass wir eine Mauer um unsere Länder errichten können. So eine Mauer gibt es nicht und kann es auch nie geben. Nur ein starkes und vereinigtes Europa, das im globalen Wettbewerb mit den gleichen

Waffen ausgerüstet ist, kann sowohl seine Bürger schützen als auch seine demokratischen, sozialen und kulturellen Errungenschaften. Nur in einem postnationalen Europa sind wir imstande, die Ideale von Freiheit, Gleichheit und Brüderlichkeit dauerhaft zu verankern.

2

AKZEPTIERE DEN GEGENWÄRTIGEN ZUSTAND NICHT. Die Krise um
den Euro herum zeigt nicht, dass die Einführung einer europäischen Einheitswährung ein Irrtum war oder dass die Europäische Union zum Scheitern verdammt ist. Lass dich nicht verwirren. Dies ist keine Krise des Euro, keine Krise der europäischen Gemeinschaftswährung *an sich*. Es ist wahr, dass sich
schon von Anfang an ein grober Webfehler, ein fast fataler
Konstruktionsfehler in die Struktur der Einheitswährung geschlichen hat. Als am 1. Januar 2002 der Euro offiziell an den
Start ging, wussten die Begründer sehr gut, dass solch eine
Währung nicht ohne eine integrierte, mit anderen Worten
europäische wirtschaftliche und finanzielle Regierung aufzubauen war. Aber weil sie sich über die Frage nicht einigen konnten, wie diese Union aussehen sollte, machten sie sich weis, eine
integrierte wirtschaftliche und finanzielle Regierung würde
dank des Euro zweifellos wie von selbst kommen. Das war ein
grober Irrtum. Zehn Jahre später wird leider deutlich, dass keinerlei Schritte in Richtung einer politischen, wirtschaftlichen
und fiskalischen Union gesetzt wurden. Die Eurokrise war also
voraussehbar. Es reichte schon, die Handbücher über die Europäische Union daraufhin zu lesen. Vielleicht kann es Staaten
ohne eigene Währung geben, aber keine Währung ohne Staat.
Ohne eine öffentliche Autorität, die stark und glaubwürdig

genug ist, um sowohl Disziplin als auch Solidarität zu sichern, ist eine Währung dazu verdammt, zu verschwinden.

Drei Jahre nach Ausbrechen der Eurokrise, einer Krise, die noch immer heftig wütet, bleiben die Mitgliedsstaaten in dem Glauben, dass sie noch einmal davonkommen werden. Wir haben noch immer siebzehn Regierungen in der Eurozone, siebzehn Finanzminister, siebzehn Zentralbanken, siebzehn verschiedene Obligationsmärkte. Eine europäische Regierung haben wir noch immer nicht. Noch immer denken die Mitgliedsstaaten, dass sie die Einheitswährung erhalten können, ohne massiv neue Befugnisse, eine ganz neue Dosis »nationaler Souveränität« an europäische Institutionen zu übertragen. Noch immer glauben sie, der Errichtung einer wirklichen föderalen Union entkommen zu können. Sie irren. Nur wenn wir eine föderale Union aufbauen, gestützt auf eine europäische Regierung, die die wirtschaftliche, budgetäre und Steuerpolitik bestimmt und verbindliche Regeln für alle Mitgliedsstaaten der Eurozone aufstellen kann, ist die Einheitswährung lebensfähig. Genauso deutlich ist, dass die Europäische Union selbst nur überleben wird, wenn so eine Regierung in einer echten europäischen Demokratie verankert wird, durch eine Verstärkung der parlamentarischen Institutionen und Kontrolle durch Mitsprache der Bürger. Es geht nicht darum, eine Technokratie einfach durch eine andere zu ersetzen.

DEMASKIERE DAS WAHRE GESICHT DER EUROKRISE. Es ist keine griechische Krise. Es ist ganz sicher keine Krise von Portugal, Irland, Italien, Spanien oder einem der anderen Länder, die heute in der Schusslinie liegen. Es ist wahr, dass Griechenland einen gigantischen Schuldenberg aufgehäuft hat, den es nicht oder nur unter größten Schwierigkeiten zurückzahlen kann und dass Athen im großen Stil betrogen hat. Es ist auch wahr, dass die griechische Gesellschaft von einer Schattenwirtschaft lebt und durch politischen Klientelismus vergiftet ist. Aber das erklärt in keiner Weise, warum der Euro nun in ein so schwieriges Fahrwasser gesegelt ist.

Die Vereinigten Staaten haben öffentliche Schulden, die wesentlich höher liegen als die der Euroländer, aber das hat augenscheinlich für den Wert des Dollar nichts zu bedeuten. Japan hat die höchsten Staatsschulden der Welt, und doch zweifelt niemand an der Stärke des Yen. Mehr noch: Die Japaner zahlen heute die niedrigsten Zinsraten der Welt, trotz der höchsten Schulden. Wie kann man das erklären? Hinter dem Yen und dem Dollar steht eine solide Regierung, eine Politik, eine Administration. Niemand zweifelt an der Kapazität von Japan oder den Vereinigten Staaten, die nötigen Einkünfte zu generieren, um ihre Zinsen zu bezahlen.

Bei der europäischen Union ist das vollkommen anders. Europäische politische Führungspersönlichkeiten, Staatsoberhäupter und Regierungschefs verschiedener Länder – Frankreich und Deutschland allen voran – zweifelten in den vergangenen Jahren öffentlich an ihrer Bereitschaft, notleidenden Euroländern zu Hilfe zu kommen. Die Folge war, dass das Vertrauen in diese Länder vollständig schwand, was wiederum zu fallenden Bewertungen der Rating-Agenturen und steigenden Zinsen führte. Inzwischen ist es längst keine reine Phantasie mehr, dass Länder tatsächlich zusammenbrechen, umso mehr, als die Europäische Union selbst kaum über den budgetären Freiraum oder über eigene Mittel verfügt, mit denen sie diesen Ländern zu Hilfe kommen könnte.

Doch fehlt es in der Eurozone nicht nur an Solidarität. Es ist auch ein Versagen der Disziplin – die andere notwendige

Bedingung, um eine Währungsunion aufrechtzuerhalten. Seit geraumer Zeit war allen bewusst, dass die Griechen nicht imstande waren, ihre Rechnungen zu bezahlen. Aber niemand kümmerte sich darum. Besonders Frankreich und Deutschland nicht, die einige Jahre vorher selbst die Haushaltsregeln mit Füßen getreten hatten, ohne bestraft zu werden, ohne auch nur die geringste Buße zu bezahlen. Entweder hatten Frankreich und Deutschland gute Gründe dafür und der Stabilitätspakt hätte geändert werden müssen, oder man hätte sofort Sanktionen beschließen müssen. Als aber nichts geschah, war das der klare Beweis für alle Beteiligten, dass die offiziell so strikten Haushaltsregeln bloß eine Lachnummer waren. Nichts, woran man sich halten musste. Nichts, worüber man sich Gedanken machen musste. Schließlich kam heraus, dass die Eurozone größtenteils auf Sand gebaut war, mit steigenden Grundzinsen – den sogenannten *spreads* – und weiteren Schulden als unvermeidliche Konsequenz. Eins ist dabei sonnenklar geworden: Ohne Solidarität und ohne Disziplin ist eine Währung nicht zu halten. Und die Erfahrung der vergangenen Jahre lehrt uns, dass die Mitgliedsstaaten, mit anderen Worten die potentiellen Sünder, nicht imstande sind, das den anderen Sündern abzutrotzen. Nur unabhängige europäische Institutionen – eine europäische Kommission, eine europäische Zentralbank – können das, selbstverständlich unter der direkten Kontrolle einer demokratischen Volksvertretung.

Mehr als in jeder anderen Währungszone ist in der Eurozone Disziplin unumgänglich, aus dem einfachen Grund, dass Europa im Gegensatz zu den Vereinigten Staaten über kein glaubwürdiges föderales Budget verfügt, dass Europa also keine eigenen finanziellen Mittel zur Verfügung stehen, um die Kohäsion der Währungszone zu garantieren. Wenn Kalifornien bankrott geht oder andere US-Staaten enorme Defizite anhäufen, bedeutet das in keiner Weise das Ende der amerikanischen Einheitswährung, des Dollar. In Europa hingegen wankt der Euro, sobald eine kleine Wirtschaft wie die Griechenlands kippt, eine Ökonomie, die kaum zwei Prozent des europäischen Wohlstands repräsentiert.

REDE DAS, WAS SEHR DEUTLICH FALSCH IST, NIEMALS SCHÖN. Wer nicht blind ist, sieht deutlich, dass die europäische Union die bedrohlichste Krise ihrer Geschichte nicht oder nur kaum unter Kontrolle bekommt. Fast drei Jahre nach dem Ausbruch der Eurokrise im Dezember 2009 in Athen sind wir keinen Schritt weiter. Jeder Versuch, sie einzudämmen, endet in einer Katastrophe. Nur dank der Europäischen Zentralbank können wir den Kopf noch über Wasser halten. Die nämlich kauft massiv Staatsanleihen der Länder auf, die in Schwierigkeiten geraten sind, und pumpte bereits mehrere hundert Milliarden in unsere unterkapitalisierten und einander misstrauisch beäugenden Banken.

Nicht, dass unsere Staats- und Regierungschefs keine Beschlüsse fassen würden. Im Gegenteil. Nach monatelangem Zögern wurde, als sie mit dem Rücken zur Wand standen, ein Notfonds aufgebaut. Eine verstärkte Kontrolle über die Haushalte der Mitgliedsstaaten wurde eingeführt. Eine strengere Aufsicht von Banken, Finanzen und Steuern. Zum ersten Mal wurden automatische Sanktionen für Mitglieder beschlossen, die ihre Finanzen entgleisen lassen. Das ist absolut kein überflüssiger Luxus, denn es gibt heute nur drei Mitgliedsstaaten – Finnland, Estland und Luxemburg –, die die strikten Normen der Eurozone auch tatsächlich umsetzen. Diese Normen legen fest, dass kein Mitgliedsstaat Schulden akkumulieren darf, die höher sind als sechzig Prozent seines Bruttoinlandsproduktes, und kein Haushaltsdefizit tolerieren darf, das höher ist als drei Prozent. Die Mitgliedsstaaten werden bald verpflichtet werden, diese »goldene Regel« in ihre Verfassung aufzunehmen, eine Maßnahme, die sie dazu zwingt, ihren Haushalt auszugleichen. Allerdings haben all diese Beschlüsse bis jetzt wenig oder gar keinen Eindruck auf die Außenwelt gemacht. Sicher nicht auf die Finanzmärkte. Weil sie zu spät kamen und weil sie nicht weit genug gehen: *too little, too late*, urteilt man.

REGELN GELTEN FÜR ALLE ODER KEINEN. Weil der Euro vor allem weiterhin trickst, glauben die Finanzmärkte nicht daran, dass die (geänderten) Spielregeln jetzt plötzlich gelten sollen. Eine Regel ist nur dann glaubwürdig, wenn sie strikt und ohne Ausnahmen eingehalten wird. Niemand hat die Zeit vergessen, in der die größten Länder Europas, Deutschland und Frankreich, die Regeln mit Füßen traten. Ganz offensichtlich waren die europäischen Regeln nicht wirklich bindend, sondern nur eine Art freie Empfehlung in Form von Richtlinien, mit denen jeder Mitgliedsstaat machen konnte, was er wollte. Die Folge war, dass gegen Sünder nicht oder kaum vorgegangen wurde. Warum sollten die kleineren Mitgliedsstaaten wie Griechenland und Portugal bestraft werden, wenn auch die beiden größten Länder ihre Haushaltsdefizite ungestraft über die geforderten drei Prozent steigen ließen? Nicht, dass diese Haushaltsdefizite damals unmittelbare ernsthafte Folgen gehabt hätten. Das Wachstum war stabil, die Inflation niedrig, die Zinsen ebenfalls. Die Finanzkrise von 2008 war noch weit weg. Das änderte sich, als Lehman Brothers als erste Großbank zusammenbrach. Ein finanzieller Tsunami schwappte über den Atlantischen Ozean und zwang die europäischen Länder, ihre eigenen Versicherungen und Banken massiv mit öffentlichen Geldern zu stützen.

Seit 2008 pumpten die EU-Mitgliedsstaaten nicht weniger als viertausendsechshundert Milliarden Euro in ihre finanziellen Institutionen, in Form direkter Subventionen und Staatsgarantien, die Hunderte Milliarden Euros, die für verschiedene Wiederherstellungs- und Neustartpläne spendiert wurden, nicht mitgerechnet. Kein Wunder, dass ein Jahr später die in den Vereinigten Staaten entstandene Finanzkrise in Europa zu einer veritablen Schuldenkrise führen sollte. Plötzlich wurde klar, dass nicht alle Länder Europas gegen den Tsunami gewappnet waren. Einige Euroländer waren stark, besonders Deutschland. Andere waren schwach. Die niedrigen Zinsen waren ihnen zu Kopf gestiegen, und sie hatten sich weder der neuen Realität angepasst noch die Zeit für Reformen genutzt. Es gab zwar eine gemeinschaftliche Währung, den Euro, aber es fehlte der gemeinschaftliche ökonomische, budgetäre und steuerliche Rahmen, der die Euroländer gleichzeitig dazu verpflichtete, grundlegende Erneuerungen und Reformen durchzuführen. Seit dem Start des Euro hatten die Unterschiede der wirtschaftlichen Schlagkraft zwischen den Ländern in der Eurozone nur zugenommen. Die europäischen politischen Verantwortlichen hatten die Kluft zwischen dem Norden und dem Süden Europas nur vertieft. Sie hatten zwar eine Währungsunion, aber noch immer keine wirtschaftliche und steuerliche Union, ganz zu schweigen von einer politischen Union. Und die Geschehnisse der vergangenen Jahre zeigen, wie lebensnotwendig die ist.

WAS WIR BRAUCHEN, UM DAS BLATT ZU WENDEN. Die Veranstaltungen von Treffen der Staats- und Regierungschefs, die mit der Regelmäßigkeit eines Uhrwerks ablaufen, haben sich als fruchtlose Maßnahmen erwiesen. Auch die deutsch-französischen Gipfel, die spektakulären *entre nous* zwischen dem französischen Präsidenten und der deutschen Bundeskanzlerin, ermutigen niemanden mehr. Sie schaffen es höchstens, die Märkte für vierundzwanzig oder achtundvierzig Stunden zu beruhigen, woraufhin alles wieder von neuem beginnt. Das Fieber steigt höher als je zuvor. Um das Blatt zu wenden, brauchen wir eine völlig neue Ordnung. Die Zeit des Hinhaltens und Nachflickens ist definitiv vorbei. Die immer neuen Löcher zu überkleistern wird den Euro nicht retten. An die gegenseitige Methode, die vorsieht, dass die Mitgliedsstaaten einander kontrollieren und sanktionieren, glaubt niemand. Schon in der Vergangenheit hat sie versagt. Warum sollte sie in Zukunft funktionieren?

Wir brauchen eine umfassende Umwälzung: die Gründung einer echten föderalen Union mit supranationalen europäischen Institutionen. Gemeinschaftliche Institutionen mit der Macht, die Wirtschafts-, Budget- und Steuerpolitik für die ganze Eurozone vorzuzeichnen. Institutionen, die über die Instrumente verfügen, um die Umsetzung der Spielregeln auch tatsächlich zu erzwingen, ohne dass die Mitgliedsstaaten ihnen einen Strich durch die Rechnung machen. Konkret bedeutet dies, dass wir die Europäische Kommission so rasch wie möglich zu einer echten Regierung umstrukturieren müssen, mit europäischen Ministern, die wir heute Kommissare nennen, kontrolliert von einem europäischen Parlament mit gestärkten Befugnissen, einschließlich des Rechtes, selbst als Gesetzgeber die Initiative zu ergreifen. Nur so können wir die Union wieder flottmachen. Noch einmal: Der Europäische Rat der Staats- und Regierungschefs kann diese Aufgabe nicht bewältigen, ob man das nun gerne hört oder nicht.

Der Europäische Rat ist nichts anderes als das Syndikat der »nationalen Interessen«. Wer im Rat sitzt, ist dort nur, um die egoistischen Eigeninteressen seines oder ihres Landes zu verteidigen, sicher aber nicht, um europäische Interessen zu wahren, die Interessen der Bürger und Völker Europas. Der Rat der Staats- und Regierungschefs kann niemals die Garantie und schon gar nicht der Motor sein, um mehr Europa zuzulassen oder ein föderales Europa aufzubauen. Das müssen die europäischen Bürger selbst tun, indem sie sich klar und deutlich für ein pro-europäisches politisches Projekt entscheiden und eine Mehrheit an die Macht bringen, die entschlossen eine postnationale und föderale Zukunft für den alten Kontinent wählt. Damit wir uns nicht täuschen: Dies ist nur der erste Schritt in Richtung einer fundamental anderen Haltung. Der Weg aus der Eurokrise verlangt nach noch tiefer greifenden Reformen. Der aktuelle Notfonds muss zu einem veritablen Europäischen Monetären Fonds nach dem Vorbild des Internationalen Monetären Fonds aufgestockt werden. So wird ausgeschlossen, dass ein Mitgliedsstaat den gesamten Prozess blockieren kann. Oder die Einführung eines europäischen Tresors, der Euro-Obligationen ausgeben kann. Nur dann kann die Schuldenkrise wirklich überwunden werden. Denn dann können wir die Märkte überzeugen, dass Disziplin und Solidarität nicht bloß Worte sind, sondern unverrückbare Säulen unseres einheitlichen Währungssystems. Und nur dann kann der Euro zur wichtigsten Leitwährung der Welt werden.

VERLASSE DICH NICHT NUR AUF EINSPARUNGEN, SONDERN INVESTIERE AUCH IN NEUES WACHSTUM. Eine Sache ist inzwischen deutlich geworden: Nur mit Einsparungen kommen wir nie aus dieser Krise. Europa braucht auch Wachstum. Gesunde öffentliche Finanzen sind sicher unentbehrlich, um das Wachstum auf mittlere Dauer zu sichern, aber das behebt die Krise jetzt nicht, im Gegenteil. Möglicherweise reißen die Ereignisse in Griechenland und in anderen betroffenen Ländern die gesamte Union in eine negative Spirale. Massive Einsparungen schädigen die wirtschaftlichen Aussichten und Möglichkeiten. Die Einkünfte krachen in den Keller, was uns zu weiteren Einsparungen zwingt, die wiederum zu weniger Wachstum führen. Kurzum: Außer Einsparungen brauchen wir auch Initiativen, die Wachstum und Wohlstand schaffen können. Und angesichts des schlechten Zustands der öffentlichen Finanzen in den meisten betroffenen Ländern, die selbst nicht über die Mittel verfügen, um solche Initiativen zu ergreifen, kann nur Europa die Lösung anbieten.

Das macht zwei radikale Eingriffe nötig: ein glaubwürdiges europäisches Budget und den Aufbau eines einzigen großen Euro-Obligationsmarktes. Letzteres ist notwendig, um innerhalb und außerhalb der EU so viele Sparer und Investoren wie möglich anzuziehen. Die Europäer sind große Sparer. In vielen Mitgliedsstaaten besitzen sie ein Vermögen, das das Bruttoinlandsprodukt der Länder weit übertrifft. Aber das Vertrauen fehlt. Sparer fürchten, dass sie ihr Geld nicht mehr wiedersehen, wenn sie es den meisten der Mitgliedsstaaten anvertrauen. Es ist eine der Intentionen eines europäischen Anleihenmarktes, dieses Vertrauen wiederherzustellen. Nicht nur, um die Schulden der Euroländer billiger abzudecken, sondern auch um finanzielle Mittel in dem Umfang zusammenzubekommen, der nötig ist, um unsere Ökonomie wieder in Gang zu bringen. Nötig, um Europa wieder auf den Weg des Wachstums zu bringen, was wiederum nötig ist, um uns in der Zukunft auch unseres Schuldenbergs zu entledigen.

Der Motor dieses neuen Wachstums in Europa muss eine komplette Transformation unseres Wirtschaftsapparates sein, denn der ist gegenwärtig vollkommen abhängig von fossilen Brennstoffen. So könnten wir drei Fliegen mit einer Klappe schlagen. Eine nichtfossile Wirtschaft könnte einen enormen Beitrag zum Abbau der Treibhausgase leisten. Ein völliges Umschwenken könnte auch ein nachhaltiges Wachstum stimulieren und so Europa wieder einen Platz auf der ökonomischen Weltkarte sichern.

INVESTIERE IN EINE RADIKALE UMSTELLUNG UNSERES PRODUKTIONS-UND WACHSTUMSMODELLS. Die Wirtschaft selbst zwingt uns dazu, das Fortschrittsmodell, das bis dato in der industrialisierten Welt anwendbar war, grundlegend zu revidieren. Die ökologischen Verwüstungen, die durch unsere heutige Handlungsweise verursacht wurden, haben dramatische Folgen. Wir verschlimmern die ökonomische und soziale Krise von heute wesentlich, indem wir nicht sofort handeln. Die Klimaveränderung, der Verlust der Biodiversität, das Erschöpfen der wichtigsten Bodenschätze, der Mangel an Wasser, Nahrungsmitteln und Energie sind Teile einer unvergleichbaren ökologischen Krise. Die Krise ist untrennbar verbunden mit der heutigen wirtschaftlichen Malaise in Europa und mit der globalen Bevölkerungsexplosion. Schon seit Jahrzehnten leben wir auf Kosten unseres Planeten. Seit Generationen haben wir zu viel produziert und konsumiert, denken, dass unser Vorrat an Bodenschätzen unerschöpflich ist. Global werden achtzig Prozent der Rohstoffe von zwanzig Prozent der Weltbevölkerung konsumiert. Noch ungerechter ist es, dass gerade die ärmsten Länder, die am wenigsten Schuld an der Umweltzerstörung tragen, heute den höchsten Preis dafür bezahlen.

Eine vollkommene Umstellung unserer Wirtschaft auf ein grünes und nachhaltiges Modell drängt sich auf. Dies ist auch die einzige Möglichkeit, unsere Wettbewerbsfähigkeit nachhaltig zu steigern und dadurch die europäische Wirtschaft wiederzubeleben. Allein in den Sparten der erneuerbaren Energie und der Energieeffizienz können Millionen von Arbeitsplätzen geschaffen werden, besonders wenn Europa anstatt der geplanten zwanzig Prozent den Ausstoß an Treibhausgasen um dreißig bis hundert Prozent vermindert. Das Verringern unseres Energieverbrauchs durch mehr Energieeffizienz muss auf jeden Fall der Grundpfeiler der zukünftigen Politik sein. In diesem Rahmen muss sofort und europaweit ein Großprojekt der Wohnungsrenovierungen gestartet werden. Die Vorteile davon würden sofort deutlich werden, einerseits in Form von nicht auslagerbaren Arbeitsplätzen, andererseits durch eine deutliche Erleichterung der Haushaltsbudgets von Familien, deren Energierechnung erheblich sinkt. Mit anderen Worten: Der Kampf gegen die Klimaveränderung und das Schaffen von Arbeitsplätzen schließen einander nicht aus. Im Gegenteil: Ökonomie und Ökologie ergänzen einander.

In einer Zeit, in der Europa mit einer rasch steigenden Arbeitslosigkeit konfrontiert wird, bietet die »grüne Ökonomie« eine ausgezeichnete Chance, diese Entwicklung umzukehren. Europa braucht unbedingt einen *green deal*, eine allumfassende ökologische Modernisierung unserer Gesellschaften, die in die unterschiedlichsten Sektoren hineinreicht: die Industrie, das Baugewerbe, die Renovierung öffentlicher und privater Gebäude, der private und öffentliche Verkehr, die erneuerbaren Energien, die Landwirtschaft, die Biodiversität – bis hin zum Abfall. All diese Sektoren könnten sofort profitieren von der Schaffung neuer, nicht auslagerbarer Arbeitsplätze, von Innovation und von einer neu erworbenen Unabhängigkeit von Rohstoffen. Ein *green deal* ist der einzige Ausweg aus der Krise, wenn wir nicht in eine Rezession mit dramatischen Folgen für unseren Wohlstand und unsere Position in der Welt abrutschen wollen.

3

WERDEN WIR NICHT MUTLOS. Die Europäische Union ist das Beste, was Europa in den vergangenen Jahrtausenden passiert ist. Nach den Greueln des Zweiten Weltkrieges war das europäische Festland zu einem gigantischen Trümmerfeld geworden. Nur das Streben nach europäischer Einigung vermochte es, den Kontinent in weniger als sechzig Jahren aus seiner Asche wiederauferstehen zu lassen. Ohne die europäische Vereinigung wäre das wohl unmöglich gewesen. In einem zersplitterten europäischen Markt hätte es mit Sicherheit länger gedauert, bis wir unser heutiges Wohlstandsniveau erreicht hätten. Die Europäische Union ist ein großes Projekt, das sich Nationalismus und Konservatismus entgegenstellt, ein stolzer Erbe der besten europäischen Errungenschaften der vergangenen Jahrhunderte: die Aufklärung, der Rechtsstaat, die Menschenrechte, die freie Wirtschaft, die politische Demokratie, die soziale Sicherheit – allesamt Entwicklungen, die in Europa ihren Ursprung nahmen und die Welt erobert haben. Auch die europäische Vereinigung gehört in diese Reihe.

Die Vereinigung beweist, dass zähe nationalistische Reflexe und jahrhundertealte Rivalitäten trotz allem überwunden werden können. Zuerst organisierten sich Menschen auf der Basis lokaler Gemeinschaften, danach in regionalen Verbänden. In den letzten zwei Jahrhunderten führte die Entwicklung zu sogenannten nationalen Strukturen. Die Vereinigung Europas zeigt, dass dies noch nicht das Ende der Geschichte ist. Die Zukunft liegt ohne Zweifel in der internationalen Zusammenarbeit, mehr noch: in der Schaffung supranationaler gesellschaftlicher Institutionen, die einen ganzen Kontinent umfassen. In dieser Beziehung ist die Europäische Union ein leuchtendes Vorbild, ein Leuchtfeuer, das auch andere Kontinente zu regionaler Zusammenarbeit inspiriert und angetrieben hat: Mercosur in Lateinamerika, Asean in Südostasien, die Afrikanische Union. Es wäre ein enormer Rückschlag, wenn das europäische Projekt scheitern würde. Nicht nur für uns selbst, sondern auch für die Entwicklung unseres Planeten, denn es würde dem Multilateralismus einen fatalen Schlag versetzen.

Ausgerechnet zu diesem Zeitpunkt wäre das eine veritable Katastrophe. Der Kampf gegen die Klimaveränderung, die Entwicklung der Nachhaltigkeit und der Kampf gegen die Armut sind internationale Baustellen, die fast stillstehen. Das Scheitern des europäischen Projektes würde diesen Zustand noch verschlimmern. Mehr noch: Überall in der Welt würden nationale Rivalitäten und Spannungen zwischen verschiedenen Ländern wieder ansteigen. Sogar Handelskonflikte im großen Stil und neue internationale Kriege sind in diesem Fall nicht auszuschließen. Diese Konflikte werden mehr und mehr um Wasser und Energie geführt werden. Es werden Konflikte sein wie der um die Gasreserven im Mittelmeer zum Beispiel, wie im Falle Zyperns und der Türkei, oder um die reichen Energievorräte in der Nähe des Nordpols, die durch die Klimaveränderung jetzt ausgebeutet werden können, was zu schweren Spannungen zwischen Dänemark, Norwegen, Russland, Kanada und den Vereinigten Staaten führt.

Früher einmal war die europäische Vereinigung eine Quelle von Hoffnung und Inspiration. Dies ist nicht der Moment, sich von den Euroskeptikern vom Schiff prügeln oder, schlimmer noch, es kentern zu lassen. Dies ist nicht der Moment aufzugeben. Es gibt noch eine Menge zu tun, in Europa und in der Welt. Wir Europäer waren die ersten, die universelle Menschenrechte und Freiheit verkündeten und die Demokratie zu unserer Staatsform erhoben haben. Heute müssen wir diese Werte weiter verteidigen und verbreiten. Das kann uns nur gelingen, wenn wir diesen Kontinent noch stärker vereinigen. Nur so können wir durch das Verstärken bestehender und das Entwickeln neuer Instrumente zu einer weiteren Internationalisierung des Rechts beitragen. Der Internationale Gerichtshof und der Anfang einer *responsibility to protect* haben eine neue Ära eingeläutet, in der die Souveränität des Völkerrechts und der Menschenrechte weit über die Nationalstaaten hinaus ausgedehnt wird. Man könnte sagen, es ist der Anfang einer universell gültigen, kosmopolitischen Rechtsordnung.

ERKENNE, DASS DER FRIEDEN IN EUROPA NIEMALS ENDGÜLTIG ERWORBEN IST. Vor einigen Jahrhunderten führten wir in Europa Kriege zwischen Städten, Grafschaften und Herzogtümern, zwischen Lehensmann und Lehensherr, zwischen Ländern. Kein Kontinent hat in den vergangenen tausend Jahren mehr Schlachten geschlagen und bewaffnete Konflikte durchlebt als Europa. Der Zweite Weltkrieg war der letzte große europäische Krieg. Mit Ausnahme des Balkankrieges hat es in Europa seit 1945 keine Kriege mehr gegeben, und auch dieser Konflikt, ein Anachronismus, ein Relikt des Zweiten Weltkrieges und der Jalta-Konferenz, gehört jetzt der Vergangenheit an, seit Kroatien und Slowenien der Union beigetreten sind, ein Vorbote des Beitritts aller Balkanländer zur europäischen Ordnung.

Übrigens ist kein Kontinent besser gewappnet, seiner gewalttätigen Vergangenheit abzuschwören und einer friedlicheren Welt nachzustreben als unserer. Es waren die Feinde der Freiheit – der Kommunismus, der Faschismus, der Nationalsozialismus –, die Europa im zwanzigsten Jahrhundert in die größte Misere stürzten. Erlaube es diesen Geistern nicht, wieder überhandzunehmen. Denn die Erben von Kommunismus, Faschismus und Nationalsozialismus sind nicht tot, sie verstecken sich heute lediglich im Schatten vieler populistischer und ausländerfeindlicher Gruppierungen. Vergiss nie die größte Lehre aus unserer Geschichte: Was einmal passiert ist, kann jederzeit wieder passieren. Denke nicht, dass sich die Geschichte nicht wiederholen kann. Wir sind nicht besser oder intelligenter oder gewandter als unsere Vorfahren, wie wir auch nicht schlechter, dümmer oder schwerfälliger sind. Es kommt vor allem auf die Wachsamkeit an. Lass es nicht zu, dass unsere Rechte und Freiheiten beschränkt werden. Reagiere rechtzeitig. Warte nicht, bis es zu spät ist.

Ungarn ist ein gutes Beispiel. Was dort passiert, ist eine regelrechte Schande. Und es ist eine noch viel größere Schande, dass die Reaktion der Europäischen Union darauf so lau, fast inexistent ist. Die Freiheit der Religion, die Freiheit der Presse, die Freiheit der Information sind fundamentale Werte, an denen es nichts zu rütteln gibt. Kein einziges Konzept, auch nicht das der »heiligen ungarischen Nation«, kann eine moralische Grundlage dafür liefern, sie in Ketten zu legen oder zu beschränken. Rechte und Freiheiten sind absolute Werte, Werte, mit denen nicht geschachert und gehandelt werden darf. Es sind seltene Güter, deren Erwerb viele Menschenleben gekostet hat. Es wäre eine Katastrophe, wenn wir sie durch unsere Unaufmerksamkeit und schlimmer noch durch unsere Unentschlossenheit verlieren würden.

DURCHSCHAUE DIE FALSCHE RHETORIK DER FEINDE EUROPAS. Europas Gegner von einst sind es auch heute noch: die Nationalisten und die Populisten von links und rechts. Die Nationalisten wollen, dass jedes Volk in seinem eigenen Staat lebt. Als ob es für Menschen am besten wäre, getrennt voneinander in verschiedenen Abteilen zu leben. In Europa, momentan also vierundvierzig Ländern, würde das eine weitere Aufteilung erfordern. Das Resultat wären dreihundertfünfzig autonome Staaten, Ministaaten wie Andorra, Monaco, Liechtenstein und San Marino nicht mitgerechnet. In Afrika, das momentan etwa fünfzig Staaten zählt, würde zu einem Kontinent mit mehr als zweitausend meist kleinen nationalen Gebilden. Ein Alptraum! Es würde mit Sicherheit zu Gewalt in ungekanntem Ausmaß führen. Denn Menschen bleiben nicht innerhalb ihrer eigenen, sogenannten nationalen Grenzen. Das ist ein Mythos. Sie leben nicht in voneinander getrennten Schubladen oder Abteilen. Menschen haben schon immer in ethnisch gemischten Regionen gewohnt. Oft heiraten sie jemanden aus einer anderen Gegend. Aus freier Entscheidung oder aus Lebensnotwendigkeit ziehen sie oft an Orte, an denen sie Arbeit finden oder eine bessere Zukunft für sich sehen.

Im Moment zählt die Welt einhundertdreiundneunzig Staaten. Wenn wir den Nationalisten folgen, dürften es nach Angaben von Ethnologen mindestens fünftausend sein. Aber selbst die fünftausend »Staaten« würden nichts lösen, denn mehr als die Hälfte der Menschen lebt heute in großen Metropolen, in einer durchmischten Umgebung, in der Sprachen, Religionen und Völker ohnehin neben- und durcheinander leben. Die moderne, multikulturelle Gesellschaft ist lebender Beweis dafür, dass der nationalistische Wahn ein Anachronismus ist.

VERSCHWENDE DEINE ZEIT NICHT MEHR DAMIT, AN DER FERNEN VERGANGENHEIT HERUMZUSCHUSTERN. Nicht, dass diese Vergangenheit nicht wichtig ist. Im Gegenteil. Wir können noch sehr viel von ihr lernen. Aber das tut der Nationalismus nicht. Der Nationalismus lernt nicht aus der Geschichte. Er negiert die Geschichte, indem er sie dauernd neu schreibt und manipuliert. Immer wieder labt sich der Nationalismus an der Geschichte. Er rechtfertigt sich selbst, indem er auf immer absurdere Weise die Erinnerung an mythische Helden und denkwürdige, wenn auch militärisch nicht entscheidende Schlachten pflegt. Erinnerungen, die nur dazu dienen, ihre Hirngespinste zu befriedigen. Erinnerungen aus einer entfernten, dunklen Vergangenheit, am besten aus dem düstersten Mittelalter, so dass sie ohne allzu viel Widerspruch ihre gegenwärtigen Vorurteile auf sie projizieren können.

Es sind Figuren wie Jeanne d'Arc, von allen französischen Nationalisten verehrt, die während des Hundertjährigen Krieges als Siebzehnjährige Frankreich von den Engländern befreit haben soll, aber über deren tatsächliche Identität sich die Historiker noch immer nicht einig sind. Die spanischen Nationalisten verehren El Cid, den christlichen »Befreier« von Valencia 1094 und der spirituelle Vater der »Reconquista«. An ihrem Ende stand die Vertreibung der Araber aus Granada und der Exodus von achthunderttausend Juden, die wie Hunde verjagt wurden. Die schottischen Nationalisten pflegen das

Andenken ihres Sieges über die Engländer 1913 bei Bannock-burn, unter Robert the Bruce. Und der flämische Nationalis-mus feiert den 11. Juli 1302, den Sieg der einfachen flämischen Infanterie mit ihren Pieken gegen die *fine fleur* des französi-schen Heeres bei Kortrijk.

Sogar Niederlagen werden von Nationalisten zu Feier-tagen erklärt. In Ungarn erinnert man sich noch immer rituell an die historische Niederlage gegen die Türken 1526 bei Mohács, der Anfang von hundertfünfzig Jahren türkischer Fremdherrschaft über die ungarische Ebene. In Serbien gibt es keinen wichtigeren Tag als den 28. Juni, an dem die Serben ihrer Niederlage in der Schlacht gegen die Türken auf dem kosovarischen Amselfeld am 15. Juni 1389 gedenken, für sie der Anfang einer türkisch-osmanischen Herrschaft am Balkan, die allerdings fünfhundert Jahre dauern sollte.

Welche Botschaft verkünden all diese denkwürdigen Da-ten? Gibt es ein Problem der Gegenwart, das wir lösen könnten, indem wir uns an das Waffengeschepper unserer Vorfahren er-innern? Wird sich die Welt deshalb morgen besser drehen? Nein. Die Lösungen für unsere Probleme liegen nicht in den Taten unserer ehrwürdigen Vorväter. Lösungen müssen in der Welt von heute gefunden werden. Eine Welt, in der jeden Tag Neues entsteht. Eine Welt, die jeden Tag neue Probleme schafft, aber auch neue Lösungen bringt.

LASST UNS DEN MÄNNERN UND FRAUEN, DIE EUROPA GEMACHT HABEN, EIN DENKMAL ERRICHTEN. Wer unbedingt Helden feiern und Symbole verehren will, der sollte die echten europäischen Helden ehren. Die Helden von heute. Die Helden, die die Europäische Union geschaffen haben. Die Helden, die dem nationalistischen Wahn ein Ende gemacht haben: Monnet,

Schuman, Adenauer, Spaak, de Gasperi und auch Spinelli, der Vater der europäischen Demokratie. Lasst uns sie ehren, anstatt weiterhin von nationalen Vergangenheiten zu schwärmen.

Könnten wir nicht ihre Porträts auf unsere Banknoten drucken lassen? Das wäre jedenfalls besser als die matten, mickerigen Scheine von heute, auf denen unechte Gebäude errichtet werden, die in Wahrheit auf nichts verweisen. Mit Bögen und Brücken, die nicht einmal so aussehen wie eins der schönen Monumente, an denen Europa bis in seine fernsten Winkel reich ist. Lasst uns stattdessen die Bildnisse derer auf die Scheine drucken, die vor noch nicht sehr langer Zeit der Vision von Europa Inhalt und Gestalt gegeben haben. Und wenn wir schon dabei sind: Weg mit den verdammten Verträgen, bei denen sogar die europäische Flagge und die europäische Hymne keinen Platz mehr hatten. Unser Vaterland ist von jetzt an Europa. Unsere Hymne die »Ode an die Freude«. Und unsere Fahne zeigt zwölf Sterne auf himmelblauem Grund.

VERSTEHE, DASS DIE KONSERVATIVEN UND DIE POPULISTEN NUR IHREN EIGENEN WAHNVORSTELLUNGEN NACHJAGEN. Um Menschen glücklich zu machen, muss man sie in ihrer eigenen Umgebung anbinden. Alles, was außerhalb dieses Kreises fällt, befremdet die Menschen, macht sie ratlos und schließlich unglücklich. Populisten gehen noch einen Schritt weiter. Um die Bedrohung von außen abzuwehren, dem unheilvollen Einfluss fremder Sprachen, Religionen und Völker zu trotzen, muss alles, was anders ist, verhindert oder rückgängig gemacht werden. Der Populismus spricht für das »Bauchgefühl« einer »bedrohten« Nation. Aber ist die Nation »bedroht«? Ist die Anwesenheit anderer Sprachen, Völker und Religionen nicht eher eine Bereicherung für ein Land? Ist die »homogene Nation« nicht ein reines Wahnbild, losgelöst von der Wirklichkeit? Und was ist mit dem »Bauchgefühl«? Ist das wirklich ein wünschenswerter Ausgangspunkt für Politik? Sollten wir nicht unserer Vernunft und unserer Erfahrung folgen, die uns beide lehren, dass der Rassenidee jede empirische Basis fehlt? Tatsächlich gibt es nur Menschen, Menschen mit denselben Rechten, egal, welche Sprache sie sprechen, zu welcher Religion sie sich bekennen oder zu welchem Volk oder welcher Nation sie gehören.

Wenn man in öffentlichen Belangen dem sogenannten Bauchgefühl folgt, kommt es früher oder später nicht nur zu Diskriminierung, sondern Krieg und Verfolgung. Wir Europäer sind aus unserer Geschichte heraus Experten für Krieg und Verfolgung, für zerrissene Familien, ausgerottete Minderheiten, Länder in Trümmern und plattbombardierte Städte. Allein im zwanzigsten Jahrhundert wurde Europa zum Massengrab von mindestens fünfzig Millionen Europäern. Es gibt nicht eine europäische Familie, die keine Opfer zu beklagen hätte. Völkermorde wurden an Juden und anderen ethnischen Gruppen begangen. Wer will, dass so etwas noch einmal passiert? Die Populisten werden es natürlich verleugnen. Aber wir sehen sie am Werk, wo immer sie an die Macht kommen. Auch wenn er mit modernen Ideen bemäntelt wird: Früher oder später führt der Nationalismus immer in dieselbe Tragödie. Wir wären sehr naiv, wenn wir etwas anderes denken würden.

DURCHBRICH DIE STILLE, DIE DAS EUROPÄISCHE PROJEKT SCHON SEIT JAHREN UMGIBT. Fege die Gleichgültigkeit weg, an der jede Gesellschaft dahinsiecht. Die tödliche Lethargie, die alle gesellschaftlichen Institutionen unterminiert. Trau dich, wieder europäisch zu denken. Trau dich, wieder europäische Standpunkte zu vertreten. Aktualisiere das europäische Projekt im Europa und in der Welt von morgen. Sei wieder genauso kreativ, wie es die Verfechter der europäischen Idee früher waren. Verteidige es vor allem gegen alle Gegner, die es in den Dreck ziehen. Streite dich. Kämpfe gegen Nationalisten, Konservative, Populisten. Konfrontiere sie mit den unvorstellbar dramatischen Konsequenzen eines Auseinanderfallens auf dem europäischen Kontinent. Rechne ihnen vor, was eine Rückkehr zum Nationalismus bedeuten würde. Rechne aus, was ein Nicht-Europa kosten würde, ein »Neuropa« mit noch größerer Zersplitterung, so wie es die Rattenfänger wollen, für die sogar die bestehenden Staaten noch zu groß sind. Rechne aus, was das Scheitern des Euro kosten würde. Ein riesiges Stück von unserem Wohlstand, zwei- oder dreimal größer als der wirtschaftliche Abschwung nach dem Zusammenbruch von Lehman Brothers.

Blamiere diejenigen, die Europa nur als eine lose Ansammlung alter Vaterländer betrachten. Demaskiere den engstirnigen Konservatismus, der eigentlich nur die Demokratie ausschalten will. Und vor allem mache die Populisten lächerlich, die sofort zu wissen glauben, was »das Volk« denkt, die Politiker, die ihren Wählern zu den niedrigsten Instinkten folgen, anstatt ihnen in eine Richtung voranzugehen, die uns weiterbringt. Demokratie heißt, der öffentlichen Meinung voraus zu sein. Nicht blindlings und opportunistisch zu folgen, nur um wiedergewählt zu werden. Demokratie beruft sich auf die Intelligenz, auf die Vernunft des Individuums, nicht auf seine niedersten Instinkte. Es geht darum, ihn oder sie in den politischen Prozess einzubeziehen und über die weitere Entwicklung der Gesellschaft mitbeschließen zu lassen.

ES IST EIN GRUND ZUM JUBELN, DASS FAST JEDE GESELLSCHAFT MULTI-KULTURELL IST. Vor fünftausend Jahren siedelten sich die ersten Menschen in Mesopotamien in Städten an, die schon damals multikulturell waren. Die Stadt umarmt alle Rassen und Kulturen. Heute ist das noch mehr der Fall. Mehr als die Hälfte der Weltbevölkerung lebt in urbanen Agglomerationen. Vor hundert Jahren waren es höchstens zehn Prozent, vor zweihundert Jahren kaum zwei Prozent. Heute sind nur noch isolierte Dörfer in abgelegenen Landstrichen weit entfernter Länder relativ homogen. Die zunehmend multikulturelle Art des Zusammenlebens in Städten und Staaten ist übrigens in keiner Weise bedrohlich für Menschen oder Gesellschaften. Wie die Gesellschaft selbst haben auch die Menschen heute eine komplexere und facettenreichere Identität. Eine Identität, die sich aus mehreren Schichten zusammensetzt und die er oder sie immer nachdrücklicher selbst bestimmt. So ist der multikulturelle Charakter unserer modernen Gesellschaften eine Tatsache geworden, ein Fixpunkt, nicht etwas, was funktionieren kann oder auch nicht, wie das Angela Merkel und Nicolas Sarkozy noch vor kurzem dekretierten. Es ist wie ein Naturgesetz, an dem man nicht rütteln kann.

Anstatt vor Schreck die Hörner einzuziehen, lasst uns die Augen öffnen für den multikulturellen Reichtum. Lasst uns die Tugenden des Multikulturalismus erkennen, seinen Beitrag im Entwickeln der sozialen Intelligenz, mit anderen Worten des Umgangs mit anderen Menschen. Lasst uns den Multikulturalismus beschützen, genauso wie wir die universellen Rechte schützen wollen, die Menschenrechte und die Demokratie, auf der sie fußen. Kurzum, lasst uns gemeinschaftliche Ideale leben, anstatt herauszustreichen, was uns voneinander trennt.

Eine multikulturelle Gesellschaft ist ein unerschöpflicher

Brunnen neuer Einsichten. Sie befreit uns von Dünkel und Eitelkeit. Als ob unsere Art, zu leben und zu denken, automatisch die beste, wenn nicht sogar die einzige wäre. Was die biologische Diversität für alles Leben auf der Erde ist, ist die kulturelle Diversität für jede Form von Gesellschaft. Das allerdings heißt nicht, dass jede kulturell bestimmte Verhaltensweise auch toleriert werden muss, mit Sicherheit nicht, wenn die grundlegenden Rechte des Menschen und der Demokratie mit Füßen getreten werden, durch Politik und Opportunismus, aus ethnisch-nationalistischen oder fundamentalistischen oder aus kriminellen Motiven. Die Beschneidung von Frauen, das Steinigen von ehebrecherischen Frauen, Fremdenhass, Sklaverei, Menschenhandel, Organhandel, Homophobie und andere Formen der Diskriminierung gegen die persönliche Orientierung von Menschen, auch wenn sie nicht Teil einer Ideologie oder einer fundamentalistischen Bewegung ist, sind allesamt Verletzungen unserer Gesellschaft, die zeigen, dass der Kampf um Menschenrechte und um eine offene, multikulturelle Gesellschaft noch lange nicht gewonnen ist.

FOLGE DEN SPUREN DER PIONIERE DES EUROPÄISCHEN GEDANKENS. Die Erfinder, Schriftsteller, Entdeckungsreisenden, die vielen kreativen Frauen und Männer, die die vergangenen fünf Jahrhunderte der Menschheit inspirierten. Niemals zuvor prägte ein Kontinent den Rest der Welt so eingreifend. Der Erfolg Europas verdankt übrigens besonders den Entlehnungen aus anderen Kulturen viel. Den Kompass, das Papier und das Schwarzpulver – die dreifache Basis von Europas Sprung nach vorn im fünfzehnten Jahrhundert – erfanden nicht die Europäer, sondern die Chinesen, wenn es auch die Europäer waren, die sie zu Instrumenten ihres globalen Erfolges machten.

Die europäische Vernunft, die europäische Phantasie sind heute fast erloschen. Das »Geschwür des Nationalismus« hat sie dauerhaft infiziert. In den Gaskammern von Auschwitz und Treblinka sind die kosmopolitischen und die kulturellen Ideale Europas verlorengegangen. Durch Nationalisten und Populisten ist aus dem ethnischen und kulturellen Schmelztiegel Europa eine eintönige Ansammlung monokultureller und monoethnischer Inseln geworden. Überall formieren sich die »wahren Bürger«, die »wahren Norweger« in Norwegen, die »wahren Polen« in Polen, die »wahren Deutschen« in Deutschland. Von der Durchmischung der Sprachen, Kulturen und Religionen, die zu so viel Phantasie und Vernunft führte, ist im Bauch Europas nur wenig geblieben, seit die sprühende Vielfalt auf dem Altar der bornierten nationalistischen Ideen geopfert wurde.

Der Kern der Vernunft, das Zentrum der Vorstellungskraft, hat sich nach dem Zweiten Weltkrieg definitiv auf die andere Seite des Atlantischen Ozeans verlagert, in das multikulturelle Land, das Emigrantenland par excellence, die Vereinigten Staaten von Amerika. Kann der Fluch, der auf Europa lastet, nie rückgängig gemacht werden? Kann die Uhr nicht zurückgedreht werden? Das ist möglich! Wenn Europa sich aus der Zwangsjacke des Nationalismus befreit. Wenn Europa den Multikulturalismus, den es schon immer besaß, von neuem umarmt. Wenn Europa sich resolut von neuem für Einflüsse von außen öffnet und so von neuem ein Sammelbecken für Erfindungsgeist und Phantasie wird.

ERKENNE DIE NOTWENDIGKEIT DER MIGRATION. Nur durch Migration wird Europa in Zukunft imstande sein, seinen Wohlstand zu schützen, denn Europa altert vor unseren Augen.

Zum ersten Mal in der Geschichte leben und wohnen in den meisten europäischen Mitgliedsstaaten mehr alte als junge Menschen. Der Anteil der über Sechzigjährigen nimmt in Europa mit jedem Jahr um zwei Millionen zu, während die Zahl der Arbeitenden um eine Million abnimmt. Im kommenden Jahrzehnt drohen deswegen Millionen Arbeitsplätze leer zu bleiben, Millionen von offenen Stellen, die nicht gefüllt werden. Unter diesen Umständen wird es Europa unmöglich sein, seinen gegenwärtigen Lebensstandard beizubehalten. Anstatt diese offensichtliche Wahrheit anzuerkennen und Lösungen zu erarbeiten, indem sie eine europäische Migrationsstrategie aufbauen, schlagen unsere Politiker die entgegengesetzte Richtung ein. Indem sie das Schengen-Abkommen wieder nationalisieren wollen, greifen sie die gemeinschaftliche Reisefreiheit und den Verkehr innerhalb der Europäischen Union frontal an. Eine Haltung, die einen eklatanten Mangel an Solidarität mit zukünftigen Generationen verrät, denn sie werden es sein, die mit den dramatischen Konsequenzen der sinkenden Geburtenzahlen zurechtkommen müssen.

Dabei steht der unvermeidbaren Vergreisung Europas die rasende Verjüngung in der restlichen Welt entgegen. Vor etwa einem Jahr, im Oktober 2011, wurde irgendwo auf der Welt der siebenmilliardste Mensch geboren. Innerhalb weniger Jahrzehnte werden es wohl zehn Milliarden werden. Zwei von diesen sieben Milliarden sind schon heute jünger als zwanzig Jahre. In der arabischen Welt sind sechzig Prozent der Bevölkerung unter dreißig. Das immer raschere Wachstum und die Verjüngung der Weltbevölkerung können am besten begriffen werden, wenn man sich vor Augen hält, dass der sechsmilliardste Mensch heute zwölf Jahre alt ist, der fünfmilliardste vierundzwanzig, der viermilliardste sechsundreißig, der dreimilliardste einundfünfzig und der zweimilliardste vierundachtzig. Wer heute so alt ist wie wir, wurde in einer Zeit geboren, in der die Menschheit weniger als drei Milliarden zählte. Gemeinsam haben wir die Verdreifachung der Weltbevölkerung erlebt.

Es ist nicht so sehr die Anzahl der Menschen auf der Erde, die Hunger, Ausbeutung der Erde und Klimaveränderung verursacht, sondern unsere Art zu produzieren, zu konsumieren und unseren Planeten zu organisieren. Wie schon Mahatma Gandhi vor fast hundert Jahren wusste: »Die Welt ist reich genug, um jedermanns Bedürfnisse zu befriedigen, aber nicht jedermanns Gier.« Allerdings ist der demographische Druck in einigen Ländern nicht mehr zu halten. Vor allem in der arabischen Welt haben Massen von gut ausgebildeten jungen Menschen unter dreißig keine Stellung und wissen gleichzeitig durch Fernsehen und Internet, wie es anderswo zugeht. Auch sie hoffen auf einen Job, ein Einkommen, eine anständige Wohnung. Auch sie verlangen nach den Rechten und Freiheiten, die wir so selbstverständlich finden. Europa hat keine Wahl. Unsere vergreisende Welt braucht junge Menschen. Und diese jungen Menschen brauchen eine Perspektive, die es ihnen erlaubt, auf ein langes, aktives, gesundes, friedliches und anständiges Leben zu hoffen.

WENDE DICH AUF JEDEN FALL AB VON DEN UNHEILSPROPHETEN, DIE IN EINE ZEIT DER ALTEN NATIONALEN SICHERHEITEN ZURÜCKWOLLEN. Nationen und Völker wohnen nicht sauber getrennt nebeneinander, sicher beschützt von sogenannten Grenzen. Welche Grenzen können und sollen Bestand haben auf einem Kontinent, der über Jahrhunderte und durch unzählige Kriege seine Grenzen dauernd verändert hat? Es sind keine natürlichen Grenzen. Seit die ersten Hominiden in der fernen Vergangenheit von Afrika aus über die Welt ausschwärmten, kann niemand sich irgendwo »der erste« nennen. Migrationen und Völkerwanderungen hat es schon immer gegeben. Staaten ziehen Grenzen, nicht Völker. Und alle großen Reiche, die unsere Welt je gekannt hat, stützten sich auf eine Vermischung von zahllosen Sprachen und Völkern, mit Menschen und Gemeinschaften, die bunt durcheinander wohnten.

Kurzum, trotz aller nationalistischen Rhetorik fallen die Grenzen von Völkern und Staaten nirgends zusammen. Das ist auch der Grund, warum der Nationalismus Europa in so viele Kriege gestürzt hat, wütende Versuche, Nationen und Völkern ethnisch »reine« Grenzen überzustülpen, die immer in einem Blutbad endeten. Auschwitz war die ultimative Konsequenz dessen, was ein überzogener und entgleister Nationalismus verursacht.

ERINNERE DICH DARAN, WAS WIR DER EUROPÄISCHEN UNION VER-DANKEN. Dadurch begreifen wir wieder, was auf dem Spiel steht. Die erste Hälfte des zwanzigsten Jahrhunderts war die blutigste Periode der europäischen Geschichte. Europa war Schauplatz von zwei Weltkriegen und gebar gleichzeitig den Kommunismus, den Faschismus und den Nationalsozialismus, eine dämonische Dreiheit, die den gesamten Kontinent in ihrem Würgegriff hielt. Dem gegenüber steht die zweite Hälfte des zwanzigsten Jahrhunderts als die friedlichste, freieste, wohlhabendste und sozialste Zeit, die Europa je erlebt hat. Diese goldene Zeit hat einen Namen: Europäische Union.

Eine Idee, die so attraktiv war, dass sie den ganzen Kontinent bezauberte. Ohne einen einzigen Schuss stieg die Zahl der Mitgliedsstaaten von sechs auf neun, danach zehn, zwölf, fünfzehn, fünfundzwanzig und siebenundzwanzig. Durch Beitritt der Balkanländer werden es bald mehr als dreißig sein. Ohne dass auch nur ein Land zum Beitritt gezwungen wurde. Was kein Eroberer jemals mit Waffengewalt vereinigen konnte, kam im Laufe des vergangenen halben Jahrhunderts spontan und aus eigenem Antrieb zueinander. Inspiriert durch visionäre Staatsmänner und -frauen, Brückenbauer, die erst Frankreich und Deutschland versöhnten, »ces ennemis par nature« (diese natürlichen Feinde), die in den Jahren 1870–1945 drei Kriege gegeneinander kämpften. Später auch Norden und Süden: Spanien, Portugal, Griechenland. Noch später, nach der Implosion der Sowjetunion, sogar Osten und Westen: Polen, Rumänien, Bulgarien, Ungarn, die Tschechische Republik, die Slowakei und die baltischen Staaten. So eine außergewöhnliche Vision wie die Einheit des europäischen Kontinents muss gepflegt werden, besonders in Zeiten der drohenden Katastrophe, wo alles scheitern kann. Denn unsere Arbeit ist nicht beendet und noch lange nicht vollendet.

FORDERE UNSEREN EUROPÄISCHEN »FÜHRERN« EIN GEWISSEN AB.

Die Europäer sind Sendboten gewesen, oft Sendboten des Bösen: bei der Eroberung Lateinamerikas beispielsweise, bei der Ausbeutung des Kongo, während der britischen Opiumkriege, durch das Verbrechen des Sklavenhandels. Später wurden Europa und Nordamerika das Terrain des französischen und amerikanischen Sendungseifers, genauso messianisch, wie die christliche Variante, aber diesmal säkular, echte Revolutionäre, die versuchten, die Werte der Aufklärung und das Feuer der amerikanischen und französischen Umwälzungen über die ganze Welt zu verbreiten. In Frankreich führten sie sogar eine neue Zeitrechnung ein. Amerikanische Revolutionäre schwärmten von Amerikas *manifest destiny*, eine gemeinsame

Bestimmung, mindestens auf dem »neuen« Kontinent eine bessere Welt zu schaffen.

Der französische und amerikanische Messianismus hat zweifellos seine schädlichen Seiten, aber er legte auch den Grundstein der Menschenrechte, von universellen Rechten, die im Laufe der Zeit in der ganzen Welt übernommen und anerkannt werden sollten. Seitdem wird dieses Erbe weder von Amerika noch von Europa tatsächlich vertreten. Zum Beispiel während des arabischen Frühlings, als Amerikaner und Europäer zu feige waren, sich sofort hinter die aufständische Bevölkerung zu stellen. Nur schleppenden Fußes unterstützten wir die mutigen Männer und Frauen, die allein für Freiheit und Demokratie aufstanden. Lasst uns Europa wieder ein Gewissen abfordern. Was große Teile der Welt und besonders die Völker im Mittleren Osten und in Nordafrika fordern, ist das, was wir Europäer und Amerikaner ihnen vorgemacht haben und was wir seit mehr als zweihundert Jahren propagieren: dass alle Menschen und Völker prinzipiell gleich und frei sind. Das bleibt das Beste, was wir der Welt geschenkt haben, auch wenn es uns Europäern und Amerikanern manchmal tief ins Fleisch schneidet. Wir können anderen Völkern und Staaten nicht verweigern, was wir für uns selbst als selbstverständlich ansehen. Menschenrechte und demokratische Freiheiten sind universell. Sie sind keine Privilegien des Westens. Es sind fundamentale Errungenschaften, auf die alle Menschen und Völker dieses Planeten Recht und Anspruch haben.

SCHLUCKE NICHT DIE GRÖSSTE LÜGE, DIE NATIONALSTAATEN IHREN BÜRGERN AUFTISCHEN: DASS SIE DAS FUNDAMENT DER UNION SIND. Politiker sagen oft, dass die Union eigentlich eine Konföderation oder ein loser Staatenbund ist, eine Art Vereinigte Natio-

nen von Europa statt der Vereinigten Staaten von Europa, einer
föderalen Union mit föderaler Autorität und föderalen Regeln.
Aber der Kern Europas besteht nicht aus Staaten. Der Kern von
Europa besteht aus seinen Bürgern. Es darf nicht Kern der europäischen Politik sein, Eigeninteressen der nationalen Mitgliedsstaaten durchzusetzen. Der Kern der europäischen Politik muss die Sicherstellung europäischer Interessen sein, der
Interessen der Bürger und Völker von Europa. Die europäische
Union ist eine supranationale und keine internationale Insti-
tution. Das war von Anfang an so. Es war die supranationale
Montanunion, die in den fünfziger Jahren die Politik für Koh-
le und Stahl bestimmte, nicht die damaligen Mitgliedsstaaten
der EGKS (Europäische Gemeinschaft für Kohle und Stahl).
Dasselbe galt für das EEG (Erneuerbare Energien-Gesetz), für
Euratom (Europäische Atomgemeinschaft) und für die spätere
Union.

Die Europäische Kommission und das Europäische Parlament sind die höchsten europäischen Institutionen, gemeinsam mit dem Europäischen Rat der Staats- und Regierungschefs. Aber diese Runde der Regierungen untereinander besteht seit viel kürzerer Zeit. Ein Vorsitzender des Europäischen
Rates wurde erst 2009 ernannt. Viele Nationalstaaten, besonders Frankreich, versuchen immer noch, Europa zu einer rein
zwischenstaatlichen Organisation zu machen, die durch die
Staats- und Regierungschefs selbst geführt wird.

Die Europäische Kommission ist zu einem Sekretariat
verschrumpelt und das Europäische Parlament nur noch ein
Abnicker von Entscheidungen. Abgesehen von der Frage, ob
Staatsoberhäupter und Regierungschefs wirklich die Zeit
haben und ob sie für ihre europäische Funktion überhaupt geeignet sind, ist es sonnenklar, was daraus resultiert: ein europä-

isches *Directoire*. Einige große Mitgliedsstaaten, vor allem Frankreich und Deutschland, treffen die Entscheidungen, am besten bestimmen sie gleich selbst, was gut und schlecht ist für Europa, ohne sich um die kleinen Mitgliedsstaaten zu kümmern – ganz zu schweigen von den Interessen der europäischen Bürger selbst.

Um zu sehen, wie verhängnisvoll diese Vorgehensweise ist, reicht es, einige Ereignisse der vergangenen Jahre Revue passieren zu lassen. Das war so, als 2003 und 2004 Deutschland und Frankreich selbst als erste ungestraft die Regeln der Währungsunion brachen und so die Glaubwürdigkeit des Euro und der gesamten Eurozone schädigten, obwohl sie jetzt allen Lektionen erteilen, und als in den vergangenen zwei Jahren beide Länder vergebens versuchten, die Eurokrise unter Kontrolle zu bekommen, aber immer wieder scheiterten, weil sie nur zu halbherzigen Maßnahmen imstande waren, während alle wissen könnten, dass nur eine globale und mutige europäische Vision uns aus dem Sumpf herausholen kann. Weder der französische Präsident noch die deutsche Bundeskanzlerin kann Europa vertreten oder in seinem Namen sprechen. Sie repräsentieren französische bzw. deutsche Interessen, nicht europäische. Sie sprechen im Namen Frankreichs oder Deutschlands, nicht Europas. Das kann allein eine demokratische europäische Regierung, die direkt von allen europäischen Bürgern gewählten Abgeordneten kontrolliert wird. Nur wer gewählt ist, besitzt die Legitimität Europas. Nicht der französische Präsident, der von einer knappen Mehrheit der Franzosen gewählt wurde, die bei einer Präsidentschaftswahl erscheinen, und auch nicht die deutsche Bundeskanzlerin, die sich auf das schwankende Vertrauen des Bundestags verlassen muss. Kurzum, es ist eine flagrante Lüge zu behaupten, dass zwar der Europäische Rat demokratische Glaubwürdigkeit besitzt, nicht aber die Europäische Kommission und das Europäische Parlament. Genau das Gegenteil ist wahr.

4

TAPPE NICHT IN DIE FALLE DER NATIONALEN IDENTITÄT. »Nationale Identität« ist das neueste Kleid, in dem sich der Nationalismus zeigt. Sie ist die neueste Vermummung des nationalistischen Gedankenguts, um so noch mehr auf seine multinationalen und multikulturellen Feinde einprügeln zu können, vor allem aber auf Europa und die Europäische Union. Niemand bestreitet, dass es so etwas wie Identität gibt und dass sie wichtig sein kann. Der strittige Punkt ist nicht, ob wir eine bestimmte Identität haben, sondern wie andere unsere Identitäten missbrauchen wollen, wie schnell sie ein »nationales« Etikett aufkleben wollen. Wie sie mit anderen Worten eine Identität unmittelbar nach ihrem eigenen nationalistischen Gesellschaftsbild verbiegen. Oder noch schlimmer: dass sie Identitäten gebrauchen wollen, um die Gesellschaft zu kategorisieren und zu manipulieren, indem sie Menschen in selbstgezimmerten Identitätsverschlägen einsperren.

Das moderne nationalistische Credo klingt sehr einfach. Die moderne, globalisierte Welt ist der große Feind, der große Bösewicht. Es ist eine Welt, die sich rasend schnell um sich selbst dreht und die Menschen ohne Halt und ohne Sicherheit ihrem Schicksal überlässt. Gott sei Dank gibt es die Identität, die Zugehörigkeit zu einer bestimmten ethnischen, religiösen oder linguistischen Gemeinschaft. Die verschafft Menschen wieder einen Rettungsring, einen Anker, einen Fixpunkt, um in dieser unsicheren, wankenden Zeit überleben zu können. Das nationalistische Credo geht davon aus, dass Identität eine gesellschaftliche, kollektive Tatsache ist, die auf jeden Menschen derselben Gesellschaft eine Wirkung ausübt. Das einzige, was wir in unserem Leben tun müssen, ist, diese eindeutige Identität die für jedes Mitglied einer Gruppe dieselbe ist, zu »entdecken«.

Die Wirklichkeit ist anders. Es gibt so viele Identitäten, wie es Individuen gibt. Jeder Mensch ist einzigartig. Noch wichtiger: Die Identität jedes Menschen ist vielfältig und nicht nur eindimensional, wie uns die Nationalisten einreden wollen. Es gibt einen himmelweiten Unterschied zwischen der eindeutigen Identität, die in der nationalistischen Rhetorik so dick aufgetragen wird, und den vielfältigen Identitäten, die die wirkliche Welt bevölkern. In Antwerpen bist du ein Genter, in Brüssel ein Flame, in Paris ein Belgier, in Amerika ein Europäer, in Kinshasa ein Weißer. Die vielfältige Identität ist ein Reichtum. Die eindimensionale Identität ist eine Zwangsjacke. Menschen in eine einzige Kategorie zu pferchen heißt, ihnen Unrecht anzutun, ihn auf ein unwilliges Zahnrad in einer Maschine, die Gesellschaft heißt, zu reduzieren. Der Mensch ist viel mehr. Der Mensch erbt nicht nur seine Eigenart und seine Persönlichkeit, er wählt auch, er erfindet, er beschließt. Er erschafft selbst einen großen Teil seiner Identität und Persönlichkeit. Noch mal: Die Suche nach einer kollektiven, »nationalen« Identität, um einer Gesellschaft eine Ordnung zu geben bleibt Bauernfängerei, eine Form des intellektuellen Betrugs. Sie versiegelt unsere Gesellschaft in ethnischen, nationalen, kulturellen oder religiösen »Containern« oder »Bunkern«, aus denen kein Mensch entkommen darf. Sie mündet unausweichlich in Gewalt, in Unruhen in deinem eigenen Stadtviertel, in

Hass und Krieg auf der ganzen Welt, *les identités meurtrières*, wie der französisch-libanesische Autor Amin Maalouf es nannte. Das vergangene, zwanzigste Jahrhundert, mörderischer als alle vorigen, hat den tragischen Beweis dafür geliefert.

»Identität« heißt im nationalistischen Jargon, dass man einer Gruppe von Menschen spezifische Kennzeichen zuschreibt, die sich meistens radikal von den Kennzeichen einer anderen Gruppe unterscheiden. »Unterscheiden« heißt »anders«, und von »anders« ist es im nationalistischen Wahn nur noch ein kleiner Schritt zu »feindlich«. Darüber hinaus führt »Identität« auch zu konformistischem Verhalten, bei dem das kritische Denken ausgeschaltet wird. Man gehorcht blindlings Traditionen, auch wenn manche von ihnen andere Ethnien oder das andere Geschlecht diskriminieren. Schließlich werden Gleichgültigkeit, Hass und Gewalt »den anderen« gegenüber kaum noch verurteilt. Im Gegenteil, wer mit »den anderen« gemeinsam lebt, wird als »Verräter« seiner Identität angesehen. Weil die Menschheit auf die eigene Gruppe reduziert wird, sind edle Prinzipien wie Recht, Toleranz und Gewaltlosigkeit nur innerhalb der eigenen Gruppe gültig. Es ist »Identität«, dass Serbien so lange davor zurückschreckte, Kriegsverbrecher auszuliefern. Es ist »Identität«, die Deutsche daran hinderte, den Nazis Einhalt zu gebieten. Für uns hat die Zukunft Europas am allerwenigsten mit einer Suche nach nationalen Identitäten zu tun. Und mit Sicherheit liegt die Zukunft nicht in einer Addition nationaler Identitäten. Das Europa der Nationalstaaten, »l'Europe des nations«, ist ein Relikt der Vergangenheit, kein Wegweiser in die Zukunft.

VERLANGE DEINEN EUROPÄISCHEN PASS. Wir müssen heute noch einen viel radikaleren Sprung wagen: den Sprung zu einer vollwertigen europäischen Staatsbürgerschaft. Wir dürfen absolut nicht länger hinnehmen, dass europäische National-staaten jeden Bürger, jeden Untertan innerhalb der eigenen Grenzen einschließen wollen. Mehr noch: Jedes diskriminie-rende Gesetz, das diesen Zustand festschreibt, sollte verboten oder aufgehoben werden. Was ist dagegen einzuwenden, dass Menschen und Familien mehrere Nationalitäten besitzen? Warum Kinder von Eltern mit unterschiedlicher Nationalität dazu verpflichten, sich für eine Nationalität zu entscheiden? Und warum sollte das Besitzen von doppelter oder dreifacher Staatsbürgerschaft verboten oder unmöglich gemacht wer-den? Wenn ein Pole in Amsterdam eine Niederländerin heira-tet und sie Kinder bekommen, die sowohl Niederländisch als auch Polnisch und vielleicht auch Englisch sprechen, warum sollte man diese Kinder dazu zwingen, sich zwischen der nie-derländischen und der polnischen Staatsbürgerschaft zu ent-scheiden? Wem nützt das? Wer um Himmels willen gewinnt etwas dabei? Bleibt die niederländische Gesellschaft so viel-leicht eher »rein«? Erhält das polnische Volk so vielleicht besser seinen polnischen Charakter? Wenn man in Kanada oder den Vereinigten Staaten geboren wird, ist es absolut unproblema-tisch mit drei oder vier Pässen durch das Leben zu gehen. Warum ist das in Europa unmöglich?

Wenn jemand sich zu nur einer Nationalität bekennen will, dann muss er oder sie dazu natürlich die Chance oder das Recht haben, genau wie wenn ein Kind von Eltern mit ver-schiedenen Nationalitäten die Chance oder das Recht haben muss, beide Nationalitäten zu behalten. Aber ist es nicht höchste Zeit, eine europäische Staatsbürgerschaft und einen europäischen Pass einzuführen? Bürger müssen das Recht bekommen, ihre ursprüngliche Staatsbürgerschaft gegen eine europäische einzutauschen, wenn sie sich nicht dazu entschließen, eine europäische Staatsbürgerschaft zusätzlich zu ihrer alten zu erwerben.

UM ES KURZ ZU SAGEN: VOLLENDE, WAS DIE EUROPÄISCHEN PIONIERE EINST BEGONNEN HABEN. Ihr Einsatz war enorm, ihre Vision eine Großtat. Die Resultate nach weniger als einem halben Jahrhundert phänomenal. Sie vereinigten, was niemals zuvor vereinigt werden konnte. Eine Generation von politisch Verantwortlichen erreichte in Europa, was in den tausend Jahren zuvor unmöglich schien. Aber ihre Arbeit ist nicht vollendet. Ein vollständig integriertes und föderales Europa ist noch in weiter Ferne. Es ist wahr, dass noch niemals in der Geschichte so viele Staaten irgendwo auf der Welt so viel Macht an eine supranationale Organisation übertragen haben, aber die weitere Integration ist in den vergangenen zehn Jahren fast auf der Stelle getreten. Vorschläge zu weitergehenden Transfers von Mitteln und Befugnissen werden immer wieder vom Tisch gefegt. Stecken wir den Kopf nicht in den Sand. Die europäischen Nationalstaaten bewegen sich höchstens mit Trippelschritten auf die Aufgabe weiterer Befugnisse zu. Sie stehen mit beiden Füßen auf dem Bremspedal. Es schaudert sie bei dem Gedanken an ein föderales Europa. Sie sabotieren jeden neuen, weiteren Schritt auf dem Weg der europäischen Einigung. Sie fürchten vor allem den Verlust ihrer Macht, ohne zu begreifen, dass sie in der Welt von morgen ohnehin nichts mehr zu sagen haben.

Sie begreifen nicht, dass in Zukunft nur ein föderales Europa zählt. Ein föderales Europa, in dem gemeinschaftliche Institutionen – die Europäische Kommission und das Europäische Parlament – den Ton angeben. Ein föderales Europa mit eigenen Mitteln, das direkt von den Steuern der Bürger finanziert wird. Kein Europa, das mit höchstens einem Prozent des europäischen Bruttoinlandsprodukts auskommen muss, das von den gierigen Mitgliedsstaaten zusammengekratzt werden muss. Ein föderales Europa, das über ausreichende Mittel verfügt, um wirklich Politik zu machen, effizienter und billiger durch Nutzung von Größenvorteilen, als es die einzelnen Mitgliedsstaaten getrennt voneinander tun können. Keine Union, die bei der ersten Krise gleich erbebt, wie jetzt, sondern ein föderales Europa, das eine enge politische, wirtschaftliche, steuerliche und budgetäre Union bildet. Mit einer eigenen Außenpolitik, basierend auf europäischen Diplomaten und einem autonomen europäischen Heer. Eine europäische Energie- und Industriepolitik, eine europäische Innenpolitik, die mit einer vereinheitlichten Asyl- und Migrationspolitik beginnt. Und schließlich eine politische Union, die die europäischen Länder auf Weltniveau vertritt, denn kein einziger Mitgliedsstaat, egal, wie stark, zählt heute noch, wenn es wirklich drauf ankommt. Lass dir nichts weismachen. In einer Welt, in der Amerikaner und Russen, Chinesen und Inder die Agenda diktieren, zählt nur ein vereinigtes Europa.

FRAGE NICHT, WAS EUROPA FÜR DICH, SONDERN WAS DU FÜR EUROPA BEDEUTEN KANNST. Denn die europäische Vereinigung ist nicht eigentlich das Werk von Politikern und Bankiers, sondern von zahllosen Europäern, die dem europäischen Projekt in Wort und Tat Formen gegeben haben. Oft waren es kaum bekannte, aber sehr engagierte Männer und Frauen: Schriftsteller, Juristen, Beamte, Firmenchefs, Ökonomen, Wissenschaftler, Lehrer, Kulturfanatiker, Historiker, Gewerkschaftsfunktionäre – leidenschaftliche Männer und Frauen aller Altersgruppen und unterschiedlicher Anschauungen. Menschen mit einem Ideal. Menschen mit einem Glauben. Einem Glauben an mehr Europa. Einem Glauben, mit dem sie auch ihre politische Partei oder ihre Abgeordneten anstecken konnten.

Vorbei sind die Konkurrenz, der Wettbewerb, die jahrhundertealten Rivalitäten zwischen den Nationalstaaten, die bestenfalls in irgendwelche protektionistischen Maßregeln mündeten, für deren Folgen einfache Bürger ständig zur Kasse gebeten wurden. Vorbei ist auch die geschwollene patriotische Rhetorik, die falschen nationalistischen Sicherheiten, die zwei Weltkriege und Dutzende weiterer gewaltsamer Konflikte verursachten. Vorbei ist der gegenseitige blinde Hass, vorbei auch das sinnlose Blutvergießen. Von jetzt an packen wir die Probleme gemeinsam an, im europäischen Rahmen, damit wir den Herausforderungen auf unserem Kontinent begegnen können, damit wir den Wohlstand unserer Bürger bewahren können, damit wir Frieden und Stabilität in der Welt fördern können. Das ist der Auftrag, den frühere Generationen ihren gewählten Vertretern gegeben haben. Und das ist der Auftrag, den wir der politischen Klasse von neuem geben müssen. Die Botschaft, dass es keine nationalistische Zukunft für diesen Kontinent gibt, dass Europa eine postnationale oder gar keine Zukunft haben wird.

Die neuen Generationen müssen ihren politischen Anführern wieder kritisch und ohne Hemmungen gegenüberstehen. So und noch mehr wie vorige Generationen es getan haben, die Generationen, die Europa geschaffen haben. Genau wie sie müssen auch neue Generationen ihre Anführer an die »europäische Lehre« aus der Geschichte erinnern, um zu verhindern, dass sie der Versuchung des Populismus erliegen und zu vermeiden, dass sie in die Falle des Nationalismus tappen. Diese Versuchungen sind gewaltig, denn für einen politischen Anführer ist nichts einfacher, als sich vom Strom des Populismus und des Nationalismus treiben zu lassen, anstatt gegen den Strom zu rudern, anstatt die öffentliche Meinung von der Notwendigkeit des europäischen Projektes zu überzeugen. Glücklicherweise muss ein Politiker in einer Demokratie sich regelmäßig den Wählern stellen, um Rechenschaft abzulegen über sein Tun, seine Leistungen, seine Resultate, seine Erfolge und sein Scheitern, um wiedergewählt zu werden oder wieder in der Masse zu verschwinden. Ergreife diese Chance, um ein für alle Mal mit denen abzurechnen, die aus Trägheit lieber im Trüben fischen. Nutze diese Macht, um Männer und Frauen ans Ruder zu bringen, die felsenfest an die europäische Zukunft dieses Kontinents glauben. Gehe in diesem Punkt keine Kompromisse ein. Wir haben eine klare Alternative: Entweder wählen wir entschlossen ein föderales Europa, die Vereinigten Staaten von Europa, oder wir fallen alle gemeinsam zurück in unsere nationalen Verliese.

FÜRCHTE NICHT SO SEHR, WAS UNS ÄNGSTIGT, SONDERN FÜRCHTE DIE ANGST SELBST. Wissen neutralisiert die Angst. Es ist schlimmer, etwas nicht zu wissen. Dann hat die Angst selbst die Oberhand. Die Angst vor der Angst, sozusagen. Diese Angst verursacht meist ein allgemeines Gefühl von Unbehagen und Zerrüttung überall in der Gesellschaft. Das kann die Angst vor einer schweren Naturkatastrophe sein oder vor einem verheerenden Krieg oder die Furcht vor einem noch nie da gewesenen Terroranschlag oder eine neue Seuche wie AIDS in den achtziger Jahren, als die Angst vor einer Krankheit, von der anfangs behauptet wurde, dass sie ausschließlich Homosexuelle treffe, eine Welle des Schwulenhasses auslöste. Vergleichen wir das mit dem Schwarzen Tod, der Mitte des vierzehnten Jahrhunderts dreißig Millionen Opfer forderte: ein Drittel aller Europäer. Die Pest ist erst Ende des achtzehnten Jahrhunderts verschwunden, und erst im zwanzigsten Jahrhundert konnten Wissenschaftler den Erreger identifizieren: ein Bazillus, der durch Ratten verbreitet wurde. Im Mittelalter wusste niemand, was ein Bazillus ist. So wurden Dutzende, Hunderte von »Hexen«, Juden und »Bettler« – unschuldige Menschen – umgebracht, weil man sie für die Geißel verantwortlich machte. Die Zeiten haben sich verändert.

Heute trägt die Angst eine neue Maske: das unbestimmte Gefühl von Unbehagen angesichts der modernen Welt. Eine globalisierte Welt, die vielen Menschen chaotisch scheint, eine Welt, die ihnen augenscheinlich wenig Orientierung bietet. Eine Welt auch, die allmählich an ihre »natürlichen Grenzen« stößt, weil die Rohstoffe der Welt, insbesondere fossile Brennstoffe, endlich und begrenzt sind. Grenzen, weil die drohende Klimaveränderung, die Folge »unserer Art, zu leben und zu arbeiten«, besonders schädliche Folgen zu haben scheint und zusätzlich die schreiende Ungerechtigkeit nach sich zieht, dass diejenigen, die diesen Zustand am wenigsten von allen zu verantworten haben, die Rechnung dafür bezahlen müssen.

Wir müssen begreifen, dass nur Europa eine Antwort auf diese Bedrohung formulieren kann, dass nur Europa die Angst und das Unbehagen, das sie begleitet, wegnehmen könnt. Nur Europa ist imstande, ausreichende Mittel aufzustellen, die unentbehrlich sind, um unsere heutigen Gesellschaften in die nachhaltigen Gesellschaften von morgen zu transformieren. Nur Europa kann die Administrationen anderer Kontinente dazu veranlassen oder, wenn nötig, dazu zwingen, dieselben zwingenden Entscheidungen zu treffen. Nur Europa kann dafür ausreichend Gewicht und Einfluss in die Waagschale werfen.

SEI STOLZ, EIN EUROPÄER ZU SEIN. Europäer zu sein ist dein Familienname, so wie deine eigene Nationalität dein Vorname ist. Nationalitäten trennen uns, Europa ist das, was uns vereinigt. Jeder von uns, unsere Eltern, unsere Kinder, unsere Vorfahren, zahllose Generationen haben zum heutigen Europa beigetragen. Viele Sprachen und Kulturen, Staaten und Völker, Könige und Kaiser, Monarchien und Republiken, Religionen und Weltanschauungen, Erfinder und Entdecker, Wissenschaftler und Künstler. Denn Europa ist nichts weniger als ein polierter Monolith. So ist es nie gewesen. Europa war immer Vielfalt, keine Einfalt, mehr eine Idee als ein Kontinent. Eine Idee mit keltischen, germanischen und römischen Wurzeln. Eine Welt aus griechischen, lateinischen und slawischen Heiligen und Helden, genährt von jüdischen, christlichen, islamischen und atheistischen Inspirationsquellen. Europa hat noch nie aufoktroyierte Uniformität vertragen. Für Kadavergehorsam ist es völlig ungeeignet.

Europa ist und bleibt ein facettenreicher Bienenkorb, kein werdender Superstaat. Der Bienenkorb muss auch für ein vereinigtes und föderales Modell weiterhin Modell bleiben, vereinigt, um die bunte europäische Identität zu bewahren und zu behüten, nicht, um sie zu nivellieren oder um eine Glasglocke darüberzustülpen. Woran erkennt man einen Europäer? Nicht an der Hautfarbe, der Staatsbürgerschaft oder der Sprache. Schon eher an seiner Art zu denken und zu handeln, an seinem Blick auf Menschen und Dinge, seiner Lebensart, die man anderswo auf der Welt selten antrifft, sogar in den Vereinigten Staaten nicht, wo die europäischen Einwanderer Amerikaner wurden.

Ein Europäer ist leidenschaftlich mit seiner Stadt verbunden, ist zu Hause in seiner Region und liebt sein Land, ohne dass all dies einer tief verwurzelten europäischen Überzeugung im Weg stünde. Die »postnationale« europäische Identität ist daher auch nichts anderes als eine Erweiterung der vielschichtigen Persönlichkeit, die wir alle besitzen. All diese Schichten, all die verschiedenen Identitäten und Persönlichkeiten können problemlos zu demselben Individuum gehören, ohne dass sie einander ausschließen oder miteinander in Konflikt geraten.

BRINGT EUROPÄISCHE FÖDERALISTEN ANS RUDER. Politiker, die nur das europäische Interesse vertreten. Es gibt genug nationale und regionale Parlamente, deren Abgeordnete vom Volk gewählt sind und die sich für nationale und regionale Interessen einsetzen können. Im Europäischen Parlament muss das europäische Interesse zentral sein, nicht die Interessen der Mitgliedsstaaten. Sorge als Wähler dafür, dass nur Politiker gewählt werden, die tatkräftig für Europa arbeiten. Europa hat Quertreiber genug, die, um es klar zu sagen, auf Europa scheißen, die im Halbkreis des Parlaments wie Besessene mit ihren nationalen Fähnchen wedeln, während sie gleichzeitig kein Problem haben, ihr Gehalt als europäische Abgeordnete einzusacken. Schlimmer noch: Europa fehlt es nicht an »Betrügern«, die ihr europäisches Mandat nur fiktiv betreiben. Das königliche Gehalt in Europa streichen sie ein, um trotzdem rein nationale Politik zu betreiben. Anstatt in Kommissionen zu sitzen oder bei Plenarversammlungen des Parlaments anwesend zu sein, sind sie ausschließlich damit beschäftigt, ihre Wiederwahl auf nationaler, regionaler und lokaler Ebene zu betreiben. Verfolge die Aktivitäten deines Abgeordneten auf Schritt und Tritt. Kontrolliere, ob er seine

Versprechen auch tatkräftig einlöst. Setze ihn unter Druck, wirklich europäisch zu denken und zu handeln. Erhebe deine Stimme. Lass ihn vor allem nicht einen Tag lang unbehelligt. Vergiss nie, dass wir selbst die Verantwortung für den Erfolg oder das Scheitern des europäischen Projektes tragen.

Denn für Europa ist es fünf vor zwölf. Wenn wir das europäische Bauwerk vor dem Einsturz bewahren wollen, haben wir keine Zeit mehr zu verlieren. Dann muss die europäische Demokratie sofort einen höheren Gang einlegen. Dann muss das Parlament, was es jetzt kaum tut, den Weg vorzeichnen und die Richtung weisen. Mehr noch: dann muss es bereit sein, sich mit den Mitgliedsstaaten anzulegen. Kein einziges Parlament in keinem Land der Welt bekommt jemals Macht in den Schoß gelegt. Niemals! Ein Parlament muss seine Macht erobern. Sei nicht naiv: Die alten Nationalstaaten in Europa werden ihre Macht nicht ohne erhebliche Widerstände abgeben. Sie werden Befugnisse nicht spontan an ein supranationales oder föderales Europa transferieren. Darum muss gestritten werden, darum muss gekämpft werden. Nicht mit Gewehren, sondern mit Argumenten, mit gewaltlosen Aktionen, hauptsächlich aber mit Wählerstimmen.

Ein klarer Sieg der pro-europäischen Kandidaten bei den Wahlen 2014 muss der Startschuss für eine echte verfassunggebende Versammlung sein. Um ein wirkliches föderales Europa aufzubauen. Ein föderales Europa, das nicht länger durch die Forderung der Einstimmigkeit aller Mitgliedsstaaten gelähmt wird, sondern das von einer wirklichen europäischen Regierung gelenkt wird, dem Nachfolger der heutigen Europäischen Kommission. Ein Europa, an dessen Spitze kein Handlanger der Mitgliedsstaaten steht, sondern ein überzeugter Föderalist, der dem Initiativrecht der Kommission neues Leben einhaucht. Ein Präsident, der direkt von den Bürgern oder zumindest durch das Europäische Parlament gewählt wird. Ein Europa, das demokratisch kontrolliert und legitimiert wird von einem Parlament, das allein den europäischen Bürgern gegenüber Rechenschaft ablegen muss. Dazu mit einem Europäischen Senat, der aus Abgeordneten der Mitgliedsstaaten zusammengesetzt ist. Ein Europa, an das die Bürger auch direkt einen Teil ihrer Steuern zahlen. Beenden wir die undurchsichtige Finanzierung von heute, die auf sogenannten nationalen Beiträgen beruht, wodurch die Mitgliedsstaaten die Union in einem lähmenden Würgegriff halten. Es sind die Mitgliedsstaaten, die Interesse daran haben, dass die europäischen Finanzen auch weiterhin in dichten Nebel gehüllt sind, ohne dass man klar sehen kann, wie viele Mittel tatsächlich nach Europa gehen, aus welchem Grund und zu welchem Zweck. Die europäischen Bürger haben nichts zu verlieren, im Gegenteil: Sie haben durch mehr Transparenz alles zu gewinnen.

Darum muss nach den europäischen Wahlen 2014 sofort eine verfassunggebende Versammlung zusammengerufen werden, mit Repräsentanten und Abgeordneten aus allen Teilen der europäischen Gesellschaft. Eine Versammlung, die nur ein Ziel vor Augen hat: die Formierung einer europäischen föderalen Union, vergleichbar mit der Konferenz von Philadelphia 1787 in den Vereinigten Staaten. Damals wurde das Land umgeformt. Aus einer losen Konföderation von Staaten wurde der enge föderale Bund, der noch heute besteht.

JETZT ODER NIE. Letzten Endes ist die europäische Vereinigung nicht nur eine europäische Frage. Es ist auch eine globale Herausforderung. Kein anderer Kontinent auf diesem Planeten hat je eine vergleichbare Vereinigung erlebt oder durchlaufen. Nirgends auf der Welt haben nationale Staaten jemals eine ähnliche supranationale oder föderale Autorität geschaffen. Bis auf weiteres ist Europa deswegen auch unser einziger Kompass auf dem langen Weg zu der supranationalen und postnationalen Welt, die im Entstehen begriffen ist. Eine Welt der Kontinente und Subkontinente, nicht der Staaten. Eine Welt, die rasend schnell vorwärts will, ohne sich durch die Vergangenheit einschüchtern zu lassen, kurz: eine Welt des einundzwanzigsten, nicht des neunzehnten Jahrhunderts. Europa muss gemeinsam mit Amerika, China oder Indien das Schicksal des einundzwanzigsten Jahrhunderts festlegen.

Europa muss der ökonomischen und finanziellen Globalisierung von heute ein soziales, ökologisches und politisches Gesicht geben. Europa muss vollenden, was es einst begonnen hat: die Globalisierung von Freiheit und Menschenwürde. Eine zwingende Bedingung: Europa muss ein für alle Mal seine nationalen Dämonen abschütteln. Europa muss sich ein für alle Mal von der Nabelschau der einzelnen Nationalstaaten lösen. Eine radikale Umwälzung ist nötig. Eine veritable Revolution. Wir müssen eine europäische föderale Union aufbauen. Eine föderale Union, die es Europa so schnell wie möglich erlaubt, seinen Platz in der postnationalen Welt, die sich ankündigt, einzunehmen. Nur feige, faule und kurzsichtige Staats- und Regierungschefs können das nicht begreifen. Rüttele sie wach. Halte ihnen den Spiegel ihrer eigenen Ohnmacht vor. Lass sie keinen Tag lang unbehelligt. Geh ihnen voraus zu dem anderen Europa, dem Europa der Zukunft.

INTERVIEW

Daniel Cohn-Bendit und Guy Verhofstadt
im Gespräch mit Jean Quatremer

Die Versuchung des nationalen Rückzugs

Steht das Manifest, das für ein postnationales Europa plädiert, nicht im genauen Gegensatz zur gegenwärtigen Entwicklung, in der die Staaten eher versucht scheinen, sich – auch unter Einschluss der ökonomischen Krise – auf das Nationale zurückzuziehen?

DANIEL COHN-BENDIT Genau. Wir gehen das Risiko ein, in einer ideologischen Wüste zu predigen. Aber wir wollten eine mögliche Vision der Zukunft Europas zeigen, einer postnationalen Föderation, weil wir überzeugt sind, dass der historische Moment des Nationalstaates vorüber ist. Heutzutage weiß niemand mehr, wo wir hingehen, was auch den Anstieg der Skepsis gegenüber Europa erklärt. Das Flugzeug Europa fliegt mit Autopilot, aber ohne klar definiertes Ziel.

Eigentlich hat man eher das Gefühl, dass das Flugzeug im Busch gelandet ist.

DCB Das ist nicht falsch, aber wir müssen wieder abheben, um an unser Ziel zu kommen. In den vergangenen fünfzig Jahren hat Europa große Fortschritte gemacht, aber die gegenwärtige Krise zeigt auch die Grenzen auf. Jetzt heißt es »alles oder nichts«: entweder wir lassen jetzt den Vorhang runter, denn wir können nicht ewig in diesem Zustand der tödlichen Unvollständigkeit bleiben, oder aber wir begreifen, dass Europa notwendig ist, um die Krise der Globalisierung zu meistern, und dann müssen wir uns ganz klar für die föderale Lösung entscheiden. Es geht nicht darum, eine föderale Lösung ins Auge zu fassen, die nie wirklich stattfinden wird, sondern jetzt einen Prozess in Bewegung zu setzen, der uns zu diesem Ziel bringt.

GUY VERHOFSTADT Man traut sich heute nicht mehr, eine radikale Vision der Zukunft zu haben. Welche Alternativen bieten die Politiker der öffentlichen Meinung Europas? Entweder den Euroskeptizismus, unter dem Vorwand, dass die Gemeinschaft nicht gut funktioniert. Oder die Verteidigung dessen, was bereits existiert, obwohl gerade das Ungleichgewicht innerhalb Europas der Grund der gegenwärtigen Krise ist. Wir müssen den Bürgern eine andere Entscheidung ermöglichen, und das tun wir mit unserem Manifest. Damit kein Missverständnis aufkommt: Wir kritisieren Europa genauso radikal wie die Euroskeptiker, aber unsere Schlussfolgerungen sind radikal anders.

Als politische Kraft sind die Föderalisten heute praktisch verschwunden.

DCB Vor zwanzig oder dreißig Jahren war die föderale Idee rein abstrakt. Es handelte sich vor allem darum, endlich »zusammen« zu sein, um keine Kriege mehr gegeneinander zu führen. Heute, mit der Erweiterung, der Globalisierung, der Finanzkrise, ist der Föderalismus viel konkreter geworden. Deswegen ist es nicht mehr so einfach, sich als Föderalisten zu bezeichnen.

GV Genau das ist es. In der Vergangenheit verstand man den Föderalismus als einen Prozess, der im Hinblick auf die Reisefreiheit, den Handel etc. Hindernisse aus dem Weg räumen sollte, und als ein Mittel, die Geschichte zu überwinden.

Heute geht es darum, konkret politische Macht zu teilen, die bis dahin integraler Bestandteil der Souveränität der Staaten gewesen ist: der Sozialbereich, die Steuern, die Wirtschaft, das Budget, die Verteidigung, die Außenpolitik.

DCB In seinem Kern ist Europa noch immer ein Raum der Nationalstaaten, die mühsam zusammengebracht werden sollen. Aber im Hinblick auf die Herausforderungen ist dieser Prozess zu langsam. Wir schlagen deshalb vor, die föderale Idee neu zu erfinden und zu verwirklichen. Das ist nicht einfach, denn es gibt dafür kein historisches Beispiel, auf das wir uns stützen könnten.

Ist der Rückgang der föderalen Idee nicht auch ein Sieg für Groß-britannien, das immer allergisch auf sie reagiert hat? Schließlich waren es die Briten, die 1991 während der Verhandlungen über den Vertrag von Maastricht das F-word erfolgreich tabuisiert haben.

GV Es ist London tatsächlich gelungen, die europäische Union wieder auf die Dimension des Binnenmarktes zu reduzieren, abgesehen von der gemeinsamen Währung natürlich, für die es einen *opt out* bekommen hat, d. h. die Möglichkeit, sie nicht anzunehmen. Genau in dem Moment, in dem der Euro eingeführt wurde, daran erinnere ich mich noch sehr genau, ich war damals Premierminister von Belgien, gab es Diskussionen darüber, welche Wirtschaftspolitik die gemeinsame Währung begleiten sollte; daraus wurde dann die berühmte »Strategie von Lissabon« (die 2001 angenommen wurde), die darauf abzielte, die nationalen Bemühungen zu koordinieren und so aus dem europäischen Wirtschaftsraum bis 2010 den »wettbewerbsfähigsten der Welt« zu machen …

DCB Dabei haben die Staaten jede Einschränkung, jede gemeinsame Politik abgelehnt. Es handele sich nur darum, sich ein unverbindliches Beispiel an den guten Praktiken anderer zu nehmen, ohne jede Verpflichtung und ohne jede Kontrollkompetenz der Kommission. Das Resultat sehen wir jetzt: Es war ein fürchterliches Fiasko.

Heißt das, dass mit der Annahme des Maastrichter Vertrags im Dezember 1991 jede politische Vision von Europa zugunsten einer rein wirtschaftlichen aufgegeben wurde?

GV Wenn die Krise, die wir im Moment durchleben, auch etwas Gutes hat, ist es, dass sie uns die Grenzen dieser Zugangsweise zeigt. Sie beweist, dass Europa, zumindest die Eurozone, nicht ohne eine gemeinsame budgetäre, steuerliche, wirtschaftliche und soziale Politik überleben kann.

DCB Nach Maastricht begann eine neue Ära. Europa sah sich gleichzeitig konfrontiert mit der Herausforderung der Globalisierung, des Balkankriegs, der Klimakrise und der finanziellen und wirtschaftlichen Krise. Die Regierungen waren gelähmt und haben sich mehr und mehr auf ihre nationale Position zurückgezogen, anstatt die gemeinschaftliche Konstruktion zu vertiefen, um so allen Herausforderungen begegnen zu können.

GV Das Verschwinden der sowjetischen Bedrohung 1990 hat eine fundamentale Rolle bei diesem Rückzug ins Nationale gespielt. Von da ab geschieht alles, als ob die Europäer glaubten, damit sei auch die Notwendigkeit verschwunden, ein Gewissen, eine Seele, eine europäische Antwort zu haben. Auf gewisse Weise war das das »Ende der Geschichte«. Von da ab glaubte man, dass eine einfache Koordination zwischen den Staaten völlig ausreichen würde. Das letzte große europäische Projekt war der Euro, ein Projekt, das von dem französischen Präsidenten François Mitterrand und von Bundeskanzler Helmut Kohl unterstützt wurde. Wenn die gemeinschaftliche Währung nicht 1991 beschlossen worden wäre, dann wäre sie nie beschlossen worden, davon bin ich überzeugt. Berlin und Paris wussten es, einen historischen Moment zu nutzen.

DCB Es ist wahr, dass Europa konzipiert wurde, um zu vermeiden, dass ein Land sich wieder die Vormachtstellung auf dem alten Kontinent anmaßt, aber auch, um einen Stabilitätspol gegen den Kommunismus zu bilden. Nach dem Zusammenbruch der UdSSR und der Wiedervereinigung Deutschlands stellte sich die Frage nach der Vormachtstellung, die man schon für geregelt hielt, durch das Auftauchen eines großen Deutschland in der Mitte des Kontinents von neuem. Deswegen wurde die gemeinsame Währung auf den Weg gebracht: um Deutschland unwiderruflich an ein Europa zu binden und die Versuchung eines Sonderwegs zu verhindern, der voller Gefahren gewesen wäre. Man hat die Wiedervereinigung Deutschlands gegen die Vertiefung des europäischen Projekts eingetauscht. Ohne diese politische Notwendigkeit, da hat Guy völlig Recht, hätte es den Euro niemals gegeben. Das war ein phänomenaler Integrationssprung, aber die Regierungen waren unfähig, die Konsequenzen vorauszusehen, die sich daraus ergaben.

Damals dachte man, die Einführung der gemeinsamen Währung würde einen »föderalen Schock« auslösen…

DCB Das ist kindischer historischer Determinismus. Es ist erstaunlich, dass Politiker glauben können, dass die Geschichte automatisch abläuft.

GV Man muss immer politische Entschlüsse treffen, die für die Entscheidenden Risiken mit sich bringen. Wie zu befürchten war, wurde überhaupt keine Entscheidung getroffen:

Die Politiker haben die Option der geringsten kurzfristigen Kosten gewählt und so ihren Nachfolgern überlassen, die Kosten ihrer Untätigkeit zu tragen.

Das geopolitische Ziel des Euro hat über alle anderen Aspekte triumphiert…

DCB Das ist absolut richtig. Die Aufgabe der D-Mark war in keiner Weise gleichgültig, denn sie war eines der konstituierenden Elemente der deutschen Identität nach dem Krieg. Es gab zwei Momente, die diesem Land erlaubt haben, eine neue Identität anzunehmen und sich vom Schrecken des Nationalsozialismus zu befreien, um erneut an der zivilisierten Welt teilzunehmen. Das eine war der deutsche Sieg bei der Fußball-Weltmeisterschaft 1954, neun Jahre nach Kriegsende, der es wieder möglich machte, von Deutschland anders zu sprechen als von einem besiegten Land, das für eines der größten Massaker der Geschichte verantwortlich war. Das zweite war die Bestätigung seiner wirtschaftlichen Kraft, die sich aller politischen Ambitionen entledigt hatte und durch die starke und stabile Mark symbolisiert wurde. Die Mark, das war das europäische Geld *par excellence*, die absolute Referenz. Ganz anders als der Franc, eine entwertete Währung, an der nicht einmal die Franzosen wirklich hingen.

GV Zweifellos: Weil die Einführung der Einheitswährung eine geopolitische Entscheidung war, wurden nicht die Schritte unternommen, die sie auf wirtschaftlicher, steuerlicher, sozialer und institutioneller Ebene begleiten müssten. Alles passierte so, als habe die Entscheidung selbst die Mitglieder erschöpft. Ein Vergleich mit den Vereinigten Staaten macht das deutlich. 1785–87 hat man dort begonnen, eine politische Union zu schaffen. Dann, zwei Jahre später, eine

Finanzverwaltung, zwei Jahre darauf Schatzzertifikate. Zwei Jahre später haben sie die Basis für die Währung geschaffen, die der Dollar wurde. Wir haben den Euro geschaffen, weil die Zeit drängte, obwohl wir uns über die Notwendigkeit einer politischen Union absolut nicht einig waren!

DCB Die Entstehung der Vereinigten Staaten ist eine Folge der amerikanischen Revolution, und die amerikanischen Staaten ähneln in keiner Weise den Nationen, aus denen sich Europa zusammensetzt. Unser historischer Prozess verläuft andersherum.

GV Ich stelle diesen Vergleich nur an, um darzustellen, wie weit der Weg noch ist. Die Einführung des Euro war eine geopolitische Entscheidung zu einem bestimmten historischen Moment, die ich in keiner Weise in Frage stelle. Aber jetzt müssen wir das Momentum der Krise nutzen, um eine politische Einheit zu verwirklichen. Was getan werden muss, ist sehr deutlich, und die Märkte haben es schon lange verstanden: Wir müssen einen europäischen Staat errichten. Es kann zwar einen Staat ohne eigene Währung geben, aber keine Währung ohne Staat. Es muss eine klar identifizierte Autorität geben, die auf den Märkten Vertrauen schaffen kann und die Investoren davon überzeugt, dass sie ihr Geld zurückbekommen.

DCB Ich bin völlig einverstanden. Der Euro wurde übrigens als eine Art europäisches Ferment begriffen, weswegen auch alle Staaten außer Großbritannien, Schweden und Dänemark daran teilnehmen wollten. Eine wirtschaftliche Souveränität, die eine politische Souveränität impliziert. Und eine politische Souveränität kann nur existieren, wenn sie auf einer ökonomischen und finanziellen Souveränität beruht. Heute geht es darum zu wissen, wie man diese Souveränität organisiert. Der Föderalismus ist die einzig mögliche Antwort für

Europa. Ein zentralisierter Staat wie Frankreich ist in diesem Fall nicht vorstellbar.

Gibt es überhaupt noch einen Grund für Europa zu existieren?
Ist nicht einer der Gründe der Unzufriedenheit der Öffentlichkeit in Bezug auf die Vertiefung der Europäischen Gemeinschaft, dass viel versprochen wurde, diese Versprechen aber nicht eingelöst wurden? Zum Beispiel hat man gesagt, dass der einheitliche Markt Millionen von Stellen schaffen würde, dass der Euro Investoren daran hindern würde, einzelne Länder anzugreifen und dass er unseren Wohlstand sichern würde etc.

GV Man darf das Kind nicht mit dem Bade ausschütten! Denn der einheitliche Markt hat Millionen von Stellen geschaffen: ohne ihn wäre die Arbeitslosigkeit wesentlich höher. Man darf nicht so tun, als habe sich die wirtschaftliche Situation nicht mit der Beschleunigung der Globalisierung verändert. 1985, als der Binnenmarkt begründet wurde, waren China, Indien oder Brasilien noch keine Konkurrenz. Dank des gemeinsamen Marktes und der gemeinsamen Währung ist die Arbeitslosigkeit in der Union bis zur Finanzkrise 2007 – 2008 stark zurückgegangen. Gleichzeitig hat der Euro über zehn Jahre hinweg Stabilität garantiert, indem er krisenhafte Wechselkurse innerhalb der Eurozone eliminierte. Denken Sie an die Konsequenzen der Währungskrise 1992 – 1995! Wir haben auch von sehr niedrigen Zinsen profitiert, um unsere Schulden zu finanzieren, eigentlich europäische Obligationen *avant la lettre*. Schließlich hat uns die gemeinsame Währung auch ermöglicht, der Finanzkrise, die aus den Vereinigten Staaten kam, zu begegnen, einer Krise, die den ganzen Planeten betroffen hat. Ohne den Euro wäre sie zu einer Katastrophe geworden mit einer Kaskade von Abwertungen, einem

Anstieg der Inflation, einer Rückkehr des Protektionismus usw. Island hat nicht ohne Grund um Mitgliedschaft in der Union angesucht.

Es ist aber auch wahr, dass man 1999, als die gemeinsame Währung lanciert wurde, die Schwachstellen der Konstruktion unterschätzt hat. Insbesondere hat die billige Finanzierung unserer Schulden in bestimmten Ländern dazu geführt, dass der Wille zu Reformen, um die Wettbewerbsfähigkeit zu erhalten, geschwächt wurde. Diese Gefahr bedroht jetzt verschiedene Länder der Eurozone, darunter auch Deutschland, dessen kurzfristige Finanzierungskosten (über sechs Monate) negativ sind: Sie bekommen Geld, wenn sie sich etwas leihen! Ich erinnere daran, dass die öffentlichen Schulden von Deutschland trotzdem mehr als achzig Prozent des Bruttoinlandsprodukts betragen, was diese Zinsraten eigentlich nicht rechtfertigt.

DCB Beachten Sie diese Widersinnigkeit: Ein Großteil dieser Schulden sind das Resultat der Finanzierung der Wiedervereinigung, denn Westdeutschland hat enorm investiert, um die ehemalige DDR aus der Misere zu befreien, in die sie der Kommunismus gestürzt hatte. Um auf Ihre Frage zu antworten, ich glaube, dass es immer schwierig ist, wenn man am Ende einer Epoche und am Anfang einer neuen steht. Man ist sozusagen dazu verpflichtet, eine idyllische Vision dessen zu formulieren, was kommen wird ...

Eines der Argumente, die immer wieder vorgebracht werden, um die Existenz der Europäischen Gemeinschaft zu rechtfertigen, ist, dass sie den Frieden auf dem alten Kontinent garantiert hat. Inzwischen aber gibt es immer mehr Stimmen, die sagen, dass wir das hauptsächlich der amerikanischen Militärpräsenz zu verdanken haben.

DCB   Die Amerikaner waren nicht hier, um in Europa Frieden zu stiften, sondern um aus Europa eine Festung gegen den Kommunismus zu machen, was schließlich in der Gründung des Nordatlantikvertrags, der NATO, resultiert hat. Die Vereinigten Staaten und die NATO haben den Frieden mit der UdSSR garantiert, das ist wahr. Aber der Prozess der europäischen Einigung verlief parallel, ohne direkt damit verbunden zu sein. Die Gemeinschaft wurde nach dem dritten europäischen Bürgerkrieg konstituiert (1870, 1914–1918 und 1939–1945), weil die Völker einander nicht mehr bekriegen wollten. Kein amerikanischer Polizist hat uns zu irgendetwas gezwungen, sonst müsste man erklären, welche Rolle die Amerikaner bei der Konstruktion der Gemeinschaft gespielt haben, denn tatsächlich haben sie sich davor gehütet, aktiv in diesen Prozess einzugreifen. Der Prozess der Integration beruht insbesondere auf der deutsch-französischen Versöhnung. Es ist amüsant zu beobachten, dass sie eigentlich auf einem Missverständnis beruhte: Für General de Gaulle ging es darum, ein Gegengewicht zu der Macht der Vereinigten Staaten zu schaffen, während Konrad Adenauer Deutschland im Westen verankern wollte, um zu verhindern, dass es zwischen West und Ost schwankt, was bereits zwei Weltkriege zur Folge hatte.

GV   Wenn es genug wäre, einen Weltpolizisten zu haben, dann hätten wir seit 1945 Frieden auf der ganzen Welt ... Aber im Ernst, nach den beiden Weltkriegen haben die Europäer völlig unterschiedliche Lehren gezogen, obwohl die Amerikaner in beiden Fällen anwesend waren. Nach dem Ersten Weltkrieg hat man gedacht, dass monoethnische und monokulturelle Staaten die Frage der Nationalitäten lösen könnten, die die Wurzel der Konflikte gewesen war. Das Resultat war, dass die Ausgangssituation für den Zweiten Weltkrieg geschaffen wurde. Nach dem Zweiten Weltkrieg hingegen hat man beschlossen, die kriegführenden Nationalstaaten zu überwinden, indem man eine Union schuf. Aber das war nicht von vorneherein klar: 1954, mitten im Kalten Krieg, hat sich Frankreich von der Verteidigung Europas abgewendet, was deutlich macht, dass die amerikanische Präsenz absolut keine Garantie für die Konstruktion der Gemeinschaft war.

DCB Die amerikanische Haltung zu Deutschland direkt nach dem Krieg ist interessant. Zwei Möglichkeiten waren auf dem Tisch. Entweder man teilt das Land und macht aus ihm eine industrielle Wüste, so dass die Deutschen nicht wieder gefährlich werden können. Das war der Morgenthau-Plan. Auf der anderen Seite konnte man Deutschland (und Europa) erlauben, sich wieder zu rekonstruieren, um ein Bollwerk gegen den Kommunismus zu bilden. Das war der Marshall-Plan, der zum Nutzen aller westeuropäische Länder schließlich implementiert wurde. 1950 hat man die deutschen Schulden bis zu einer Ratifizierung des Friedensvertrags unter den Alliierten eingefroren, um die Fehler des Vertrags von Versailles nicht zu wiederholen, der damals Deutschland in die Knie gezwungen hatte. Das ist auch der Grund, warum Helmut Kohl keinen Friedensvertrag als Vorbedingung einer deutschen Wiedervereinigung wollte. Sein Argument war, dass diese Schulden zusätzlich zu den Kosten der Wiedervereinigung nicht tragbar wären.

Ich frage mich, was für ein Resultat 1950 ein Referendum über die Versöhnung zwischen Deutschland und Frankreich und das Einfrieren der deutschen Schulden gehabt hätte …

GV Genau das zeigt, dass Politiker nicht immer der öffentlichen Meinung des Augenblicks folgen dürfen. Sie müssen eine Vision haben und versuchen, ihre Wähler von deren Richtigkeit zu überzeugen.

DCB Man muss aus der Vergangenheit eine Lehre für die Gegenwart ziehen. Wenn es wahr ist, dass gewisse Länder unverantwortlich mit ihren Finanzen umgegangen sind, muss man ihnen Zeit für die Reformen geben, wie man sie 1950 auch Deutschland gegeben hat.

Wenn die Völker Europas keine Kriege mehr gegeneinander führen wollen, hat Europa dann noch eine Existenzberechtigung?

DCB Diese Frage anders gestellt: Kann ein einzelner Staat heute noch den Herausforderungen der Globalisierung und der Krisen begegnen, mit denen wir konfrontiert sind? Für uns ist die Antwort negativ. Man muss bedenken, dass in fünfundzwanzig Jahren kein einziger europäischer Staat, inklusive Deutschland, noch zur G-8 gehören wird, dem Club der mächtigsten Staaten der Welt. Voneinander isoliert haben wir kein Gewicht mehr, wir würden zerquetscht, und unser soziales Modell würde nicht überleben. Die politischen Eliten auf nationaler Ebene wagen es nicht, auf diese Frage einzugehen und ihren Wählern zu kommunizieren. Europa ist keine ideologische Frage, unser Überleben steht auf dem Spiel!

GV Es geht nicht darum zu behaupten, dass der Nationalstaat böse ist und zerstört werden muss. Seine Entstehung im achtzehnten Jahrhundert war ein Fortschritt, der es erlaubt hat, Regionen, Städte und Dörfer in einem einzigen geopolitischen Raum zu vereinigen. Das hat den Wohlstand gefördert und die Entwicklung der Demokratie ermöglicht. Aber heute treten wir in eine neue Epoche ein, die Ära der Globalisierung. Das Gleichgewicht der Mächte entscheidet sich jetzt auf sub-

kontinentaler oder kontinentaler Ebene. Nur auf dieser Ebene
können wir die Union schaffen, die uns erlauben wird, wirtschaftlich weiterzukommen und unsere Interessen in der Welt
zu verteidigen.

»Entglobalisieren« oder die Globalisierung vorantreiben?

Einige Politiker der radikalen Rechten oder Linken wie der Sozialist Arnaud Montebourg in Frankreich schlagen eine »Entglobalisierung« vor...

GV Und wie soll das aussehen? Es kommt wohl kaum in Frage, China dazu zu überreden, wieder zu seinem ehemaligen, wirtschaftlich unterentwickelten Status zurückzukehren, und ich kann mir deswegen nur vorstellen, dass es hier um europäischen und nationalen Protektionismus geht. Aber das wird nicht funktionieren, denn wir sind alle miteinander vernetzt, und nur eine globale Katastrophe könnte uns auf dieses Niveau zurückdrängen. Wenn man bestimmte Industrien durch protektionistische Maßnahmen stützt, setzt man sich einer wirtschaftlichen Vergeltung auf anderen, für uns lebenswichtigen Sektoren aus. Das heißt nicht, dass der freie Warenverkehr in seiner gegenwärtigen Form befriedigend wäre und ich mich damit abfinde: Wir brauchen mehr Regulierung, minimale Regeln, besonders im sozialen und im Umweltbereich. Aber das können wir nur im europäischen Verbund auch in der Welthandelsorganisation vertreten, und zwar durch Verhandlungen und nicht durch wirtschaftliche Kriege. Frankreich oder Deutschland allein werden das sicherlich nicht schaffen, auf der globalen Ebene haben sie nicht viel Gewicht im Vergleich zu Giganten wie den Vereinigten Staaten, China, Brasilien oder Indien.

DCB Als Nicolas Sarkozy sagte, dass Europa auch eine Schutzfunktion haben müsse, hatte er nicht Unrecht. Nehmen wir den Fall der Solarmodule, die in China sehr billig produziert werden und damit die europäische und besonders die deutsche Industrie bedrohen. Nur Europa und sicherlich kein einzelnes Land wird es schaffen, China zu einem fairen und gerechten Wettbewerb zu zwingen. Mit anderen Worten: Nur Europa kann erreichen, dass auch dort soziale Normen wie die Gewerkschaftsfreiheit und Umweltnormen eingehalten werden, denn nur Europa hat das notwendige Gewicht.

Aber die Europäische Gemeinschaft handelt nicht…

DCB Das ist eine Frage des politischen Willens. Die Amerikaner haben eine Steuer auf die chinesischen Solarmodule erhoben. Die Europäer haben sich gegen Vergeltungsmaßnahmen entschieden, weil die Kommission und die Regierungen das aus ideologischen Gründen ablehnen.

GV Man kann auch offensiv sein und nicht nur defensiv. Wenn Europa mehr budgetäre Mittel hätte, könnte es ein großes Forschungsprogramm über photovoltaische Zellen in die Wege leiten, um so die Initiative zurückzugewinnen.

DCB Das Drama von Europa ist, dass die Gemeinschaft es nicht wagt, ihre Macht einzusetzen. Es ist zum Beispiel völlig abwegig, dass jeder einzelne Staat versucht, gegen Steuerparadiese anzukämpfen, anstatt diese Aufgabe der Union zu übertragen. Wenn die Union Druck auf die Schweiz, ein Steuerparadies im Herzen Europas, ausüben würde, so wie es die Vereinigten Staaten getan haben, wäre das Mächteverhältnis ein ganz anderes. Es würde reichen zu sagen, dass Schweizer Banken, solange die Frage des Informationsaustausches nicht geregelt ist, keinen Zugang mehr zum europäischen Raum haben können. Glauben Sie mir, die Frage wäre schnell gelöst! Aber stattdessen verhandeln Berlin, Paris und Rom jeder einzeln in seinem Winkel und versuchen, nationale Vorteile herauszuschlagen, anstatt das allgemeine europäische Interesse zu berücksichtigen.

Die Maßnahmen zur Verteidigung wirtschaftlicher Interessen werden in der Europäischen Kommission, also von einem Kommissar pro Mitgliedsstaat, mit einfacher Mehrheit entschieden. Es ist absolut vorstellbar, dass eine Koalition kleiner Länder diese Entscheidungen zu Lasten der großen Industriemächte blockiert. Man kann die wirtschaftlichen Maßnahmen also nicht isoliert betrachten – es gibt auch ein institutionelles Problem.

GV Es kommt niemals vor, dass die großen Länder auf einer Seite stehen und die kleinen auf der anderen. Es handelt sich hier eher um ein ideologisches Problem: Die einen sind für die Einführung minimaler ökologischer und sozialer Kriterien, die anderen sind dagegen. Das ist in der Kommission der Fall und auch im Ministerrat.

Das ist richtig, aber währenddessen kann keinerlei Maßnahme zur wirtschaftlichen Verteidigung beschlossen werden, während es in den einzelnen Ländern möglich wäre. Die Tatsache, dass die Mehrheit der Länder und der europäischen Verantwortlichen strikte Freihandels-Befürworter sind, blockiert diejenigen, die es weniger sind.

DCB Das ist richtig. Allerdings würden die Maßnahmen zum Schutz der einzelnen Wirtschaftsräume nichts nützen, denn auch Frankreich könnte die Konsequenzen kaum überstehen. Als einzelnes Land den Vergeltungsmaßnahmen von China, Indien oder Amerika ausgesetzt zu sein ist nicht dasselbe wie eine Konfrontation auf kontinentaler Ebene. Chris

Patten, der ehemalige europäische Außenhandelskommissar hat gesagt, dass die Chinesen nur in Machtverhältnissen denken. Sie brauchen uns genauso, wie wir sie brauchen. Wir dürfen unsere Macht nicht mehr in Scheibchen schneiden lassen, so wie es momentan der Fall ist, weil die Deutschen ihre Autos verkaufen wollen, die Franzosen ihren TGV und das eine oder andere Atomkraftwerk etc.

Es ist wahr, dass jedes Land seine wirtschaftliche und politische Kultur hat und sich von den anderen schikaniert fühlen kann. Aber es ist möglich, die anderen Staaten zu überzeugen, die ideologischen Mehrheiten zu verschieben. Das haben die Reaktionen der Europäer auf die Krise der Eurozone gezeigt. Die Entschlüsse, die gefasst wurden, wären noch vor fünf oder sechs Jahren undenkbar gewesen, sei es die finanzielle Solidarität unter den Staaten der Eurozone, die europäische Bankenaufsicht, die budgetäre Union etc.

GV   Ich erinnere daran, dass noch 2008 eine europäische Bankenunion völlig ausgeschlossen schien. Angela Merkel, die deutsche Bundeskanzlerin, vertrat damals den Standpunkt, dass die Bankenaufsicht eine rein nationale Frage sei.

Die Eurozone in der politischen Krise

Trotzdem bedurfte es der Erschütterung durch die Krise, die Millionen von Europäern ins Elend gestürzt hat, bis die Union – d. h. die gemeinschaftlichen Institutionen und die Regierungen – nach langem Zögern ihre Ideologie des Laisser-faire und der Selbstregulierung aufgegeben hat.

DCB Besonders wichtig ist, dass Europa imstande ist, Entscheidungen zu treffen. Das ist es, wofür Guy und ich kämpfen. Vor drei Jahren stellte mir Garry Kasparow seinen Freund Edward Limonow vor, einen Ultranationalisten, und er sagte mir: »Wenn es einmal ein frei gewähltes Parlament in Russland gibt, wird Limonow auf der anderen Seite sitzen, aber heute kämpfen wir gemeinsam, denn wir wollen beide ein freies russisches Parlament.« Im Fall Europas ist es ähnlich: Guy und ich stehen politisch nicht auf der gleichen Seite, aber wir kämpfen gemeinsam dafür, einen europäischen politischen Raum zu realisieren, in denen wir unsere Meinung voll ausdrücken können. Der erste ist eine Frage der politischen Machtverhältnisse. Man kann auf europäischem Niveau eine neoliberale oder sozialistische Mehrheit haben, genauso wie es in jedem Land der Fall ist. Es ist Sache der politischen Parteien zu sagen, was ihre Konzeption des Marktes ist, und es ist Sache der europäischen Bürger, Mehrheiten zu wählen, die die politische Orientierung der Union bestimmen. Nichts ist von vornherein festgelegt.

GV Die globale Finanzkrise beweist, dass die Nationalstaaten den Herausforderungen von heute nicht mehr gewachsen sind. Während die Märkte globalisiert sind, hat sich die
politische Organisation seit dem Ende des neunzehnten Jahrhunderts kaum weiterentwickelt und ist noch immer von nationalen Gedanken bestimmt. Es besteht also ein starkes Ungleichgewicht zugunsten des Marktes, der sehr schnell handeln
kann ohne sich von Grenzen aufhalten zu lassen, während die
Staaten sich mühsam untereinander koordinieren müssen, um
Kompromisse zu finden, die sehr oft ungenügend sind, um diesen Problemen zu begegnen, insbesondere da die Märkte sich
in der Zwischenzeit neu erfunden haben. Es ist notwendig, dieses Gleichgewicht zwischen Finanz und Politik wiederherzustellen, und für Europa bedeutet das eine Föderation, die
schnell reagieren kann, ohne den Weg durch die Nationalstaaten zu gehen.

*Anders gesagt: Die Krise der Eurozone ist auch eine Krise der politi-
schen Entscheidungsfindung, weil die Staaten nicht rechtzeitig die
Instrumente geschaffen haben (gemeinschaftliches Budget, Finanz-
und Steuerverwaltung, europäische Obligationen, europäische
Demokratie etc.). Man könnte sagen, dass die Union auf halbem
Wege stehengeblieben ist, nachdem sie den Euro geschaffen hat und
jetzt selbst über das steigende Hochwasser überrascht ist.*

GV Genauso ist es. Man muss zum Anfang der Schuldenkrise zurückkehren, um zu verstehen, was passiert ist. Ende
2009 gab die Europäische Zentralbank bekannt, dass sie in
naher Zukunft als Sicherheit für ihre Kredite keine Garantien
mehr akzeptieren würde, die nicht mindestens A- bewertet
wurden anstatt wie seit 2007 BBB+, um die Liquidität der
Banken zu stützen, die sich nicht mehr durch Kredite anderer

Banken finanzieren konnten. Diese Strategie zur Beendigung der Bankenkrise transformierte sich in eine Strategie des Eintritts in die Schuldenkrise, denn dies war der Moment, an dem die finanziellen Institutionen begannen, sich ihrer griechischen Anleihen zu entledigen, weil sie nicht mehr als Garantien in Frage kommen würden, da die Rating-Agenturen die Sicherheit der griechischen Schulden gegen Ende 2009, Anfang 2010 auf den Rang spekulativer Investitionen heruntergestuft hatten. Damals fehlte es den Staats- und Regierungschefs an Mut, um nicht zu sagen: Sie waren feige. Wenn sie damals ihre Solidarität mit Griechenland bekräftigt und seine Schulden garantiert hätten, weil die Eurozone eine Währungsunion und eine Wirtschaftsunion ist, hätte die Krise gar nicht erst begonnen. Ein einfacher Satz hätte genügt, aber sie haben ihn nicht ausgesprochen und das hat Zweifel an der Solidität der Eurozone genährt: eine Union ohne Solidarität ist keine Union! Im Anschluss daran haben die Staaten etwa zwanzig Gipfeltreffen organisiert, haben sich aber jedes Mal mit halbherzigen Maßnahmen zufriedengegeben, in der Hoffnung, dass sie ausreichen würden, was nicht der Fall war.

Wenn die Krise noch immer andauert und die Volkswirtschaften der Eurozone beschädigt, dann liegt es daran, dass die Regierungen nicht zugeben wollen, dass die Krise politisch ist und deswegen nach politischen Lösungen verlangt, d.h. nach einer größeren Integration. Glücklicherweise scheint es nach dem Europäischen Rat am 28. und 29. Juni 2012 so, als würden sie langsam aufhören, die Realität zu verleugnen: Sie haben ernsthaft mit der Arbeit an einer Bankenunion begonnen und haben die Präsidenten der Kommission des Europäischen Rates, der Eurogruppe und der Europäischen Zentralbank beauftragt, einen Plan für eine stärkere politische Integration auszuarbeiten.

Man darf nicht die besondere Verantwortung Deutschlands an der Verschlimmerung der Krise unterschlagen. Ich erinnere daran, dass die ersten Spannungen bezüglich der Schulden der peripheren Eurostaaten im Dezember 2008 aufgetreten sind. Aber Peer Steinbrück, damals deutscher Finanzminister, verhandelte mit seiner französischen Amtskollegin Christine Lagarde, mit Jean-Claude Juncker, dem Präsidenten der Eurogruppe, und mit Jean-Claude Trichet, dem Präsidenten der Europäischen Zentralbank, und ließ dann im Februar 2009 verlauten, die Eurozone sei solidarisch mit den Ländern, die in Schwierigkeiten geraten waren. Das hat tatsächlich gereicht, um die Märkte zu beruhigen. Aber im Dezember 2009 ging Angela Merkel eine Koalition mit der FDP ein, und von da ab änderte sich der Ton: Die neue Mehrheit zögerte Griechenland zu unterstützen, während die Große Koalition daran keinen Zweifel gelassen hatte. Aus dem Umfeld von Nicolas Sarkozy habe ich gehört: »Zwei Jahre lang haben wir versucht, Angela Merkel am Abspringen zu hindern«, weil sie schon bereit war, den Euro zu verlassen. Diese Krise ist sehr politisch, aber sie wurde verschlimmert, weil Deutschland seine europäischen Grundsätze verloren hat.

DCB Mit dieser Ansicht sind Sie nicht allein. Helmut Kohl, der christdemokratische deutsche Altbundeskanzler, hat mehreren deutschen Zeitungen zufolge 2011 ausgerufen: »Die Kleine ist dabei, mein Europa kaputtzumachen.« Der Grüne Joschka Fischer, der frühere Außenminister, hat im Juni 2012 einen Artikel publiziert, in dem er die Politik der Kanzlerin stark angreift. Ich zitiere: »Begreifen wir Deutsche unsere gesamteuropäische Verantwortung? Im Moment sieht es nicht danach aus. Deutschland war selten so einsam und isoliert wie gegenwärtig. Kaum jemand versteht noch unsere dogmatische Sparpolitik wider alle Erfahrung, und man hält uns für ziemlich neben der und – einem Geisterfahrer gleich – gegen die

Spur fahrend.«[*] Er endet mit der folgenden Warnung: »Im zwanzigsten Jahrhundert hat Deutschland zweimal mit Krieg bis hin zum Verbrechen und Völkermord sich selbst und die europäische Ordnung zerstört, um den Kontinent zu unterjochen. Deutschland hat daraus die richtigen Konsequenzen gezogen, und nur so – durch eine glaubhafte Umkehr und die Integration dieses großen Landes in der Mitte des Kontinents in den Westen und die EU – gab es die Zustimmung zur deutschen Einheit. Es wäre eine Tragödie und Ironie zugleich, wenn jetzt, zu Beginn des einundzwanzigsten Jahrhunderts, das wiedervereinigte Deutschland, diesmal friedlich und mit den besten Absichten, die europäische Ordnung ein drittes Mal zugrunde richten würde.« Besser kann man es nicht sagen.

GV Sollte der Euro verschwinden, dann wird Deutschland am meisten darunter leiden: Seine Währung würde im Vergleich zu denen seiner Partner stark aufgewertet werden, und dadurch würde es einen großen Teil seines Exportmarktes verlieren. Es gibt Studien, die davon ausgehen, dass der dadurch ausgelöste Schock dreimal größer sein würde als der, den wir 2008 nach der Pleite von Lehman Brothers erlebt haben. Das ist unvorstellbar!

DCB Es ist richtig, dass die deutsche Regierung stark geschwankt hat, aber jetzt ist ihre Strategie fix. Sie will den Euro retten, weil sie darin das deutsche Interesse sieht. Aber für die deutsche Kanzlerin kann die Gemeinschaftswährung nur funktionieren, wenn die finanzielle und wirtschaftliche Kultur Deutschlands auch die Kultur Europas wird. Sie fordert insbesondere, dass die Länder der Eurozone eine harte Sparpolitik fahren, um ihre öffentlichen Finanzen wieder zu stabilisieren.

[*]   Joschka Fischer : Europa steht in Flammen, *Süddeutsche Zeitung*, 4.6.2012

Sie weigert sich zu sehen, dass eine Investitionsstrategie, begleitet von strukturellen Reformen, die notwendig sind, um diese Ökonomien wieder auf die Schienen zu stellen, erlauben würde, wieder eine Wachstumsdynamik zu schaffen, die dem budgetären Gleichgewicht sehr helfen würde. Eine Rettungsstrategie, die ausschließlich auf Sparpolitik fußt, erwürgt die vitalen und produktiven Kräfte eines Landes. Das Beispiel der Politik des spanischen Premierministers Rajoy macht das perfekt deutlich. Dieses ideologische Problem blockiert und zersplittert Europa. Mario Monti, der italienische Premierminister, will dieses Hindernis wegsprengen: Er will den Beweis erbringen, dass strukturelle Reformen allein nicht ausreichen, um die wirtschaftliche Maschine wieder anzukurbeln, und dass es nötig ist, die Strategie der Krisenbewältigung durch eine Wiederbelebung der Wirtschaft zu ergänzen.

GV   Italien ist ein sehr gutes Beispiel. Es zeigt, dass das Dogma der ausschließlichen Budgetdisziplin nicht ausreicht, um aus der Krise hinauszukommen, und dass nur eine Wiederbelebung durch öffentliche Investition es möglich macht. Mario Monti implementiert Reformen, aber da es in der Eurozone keine organisierte Solidarität gibt, bleiben die Zinsraten auf dem Finanzmarkt zwischen fünf und sieben Prozent, was mittelfristig untragbar ist. Die Konsequenz dieser hohen Zinsen ist, dass fast die Hälfte der italienischen Bemühungen von der Bezahlung internationaler Investoren aufgefressen wird! Deshalb ist es nötig, innerhalb der Eurozone eine Solidarität zu organisieren, die eine Vergemeinschaftung von zumindest einem Teil der nationalen Schulden mit einschließt, was wiederum erlauben würde, die Zinsen wesentlich zu senken. Wenn man diese Vergemeinschaftung verweigert, privilegiert man damit die Eigentümer der Titel, die Angela Merkel am Anfang der Krise noch zum Zahlen zwingen wollte... Man muss klar sehen, wie widersprüchlich das ist. Denn mit dem Europäischen Stabilitätsfonds (Europäische Finanzstabilisierungsfazilität, EFSF) und dem Europäischen Stabilitätsmechanismus (ESM), die dieses Problem nicht strukturell lösen und die eine Vergemeinschaftung der Schulden verhindern sollen, hat man sich dafür entschieden, die deutschen Steuerzahler zur Kasse zu bitten, die die deutsche Kanzlerin ja eigentlich davor schützen wollte.

Wie kann man verlangen, dass Frankreich und Deutschland für die Schulden von Italien, Spanien und Griechenland garantieren, obwohl sie keine Kontrolle über die Regierungen dieser Länder haben? Das ist ein echtes demokratisches Problem: Ein Volk kann seine Regierung abwählen, wenn es mit ihrer Politik nicht zufrieden ist, aber es ist ausgeschlossen, diese Macht auf alle Bürger der Eurozone zu übertragen. Ich möchte morgen nicht dafür zahlen müssen, dass Antonis Samaras vielleicht amerikanische Panzer kauft. Ohne politische Verantwortung ist die finanzielle Solidarität nicht tragbar.

DCB Das ist es eben: Griechenland hat keine amerikanischen Panzer gekauft, sondern deutsche und französische U-Boote und Fregatten! Solange es sich in Schulden gestürzt hat, um unseren deutschen und französischen Unternehmen Aufträge zu geben, hatten wir keine Probleme damit. Als die Eurozone Griechenland im April 2010 Geld geliehen hat, haben Angela Merkel und Nicolas Sarkozy der Regierung Papandreu deutlich zu verstehen gegeben, dass die Verträge mit französischen und deutschen Rüstungskonzernen zu respektieren seien. Aber es bleibt auch wahr, dass Solidarität auch politische Kontrolle impliziert. Es ist insbesondere nötig, dass die Europäische Kommission, die von jetzt an die Budgets der Einzelstaaten kontrollieren wird, nicht länger eine Versammlung von Technokraten ohne Verantwortung bleibt, sondern eine politische Regierung, die der Kontrolle durch das Europäische Parlament und den Ministerrat unterworfen ist. Ich gebe zu, dass ich Ihre Frage nicht beantworte: Wie können wir erreichen, dass die europäischen Bürger sich wirklich dafür interessieren, was in Griechenland passiert?

Die Staaten, die für die Verschlimmerung der Krise verantwortlich sind

Die Eurokrise hat gezeigt, dass eine gemeinsame Währung auf Dauer nicht mit siebzehn verschiedenen Arten von Wirtschaftspolitik und souveränen Budgets funktionieren kann, besonders wenn keine Regierung deutlich sagt, was sie für die Zukunft wünscht. Mario Draghi, der Präsident der Europäischen Zentralbank, hat die Staaten dazu aufgefordert, ihre Verantwortung ernst zu nehmen, denn es ist nicht Aufgabe der Zentralbank, Entscheidungen zu treffen, die politischer Natur sind.

DCB Seit dem Beginn der Krise hat die europäische Zentralbank sich nicht um die europäischen Verträge gekümmert, bevor sie handelte. Übrigens fragen sich die Juristen heute noch, ob sie das Recht hat, Staatspapiere auf dem sekundären Markt zu kaufen und zu verkaufen, um den Zinssatz zu drücken. Wenn der Euro wirklich in Gefahr ist, wird sie noch weitergehen, da bin ich mir sicher. Schon jetzt handelt sie wie eine föderale Bank und schafft die Voraussetzungen für die Einführung eines europäischen Schatzamtes, das auch Euro-Obligationen ausgeben kann.

GV Allerdings, auch wenn die Europäische Zentralbank weit über ihre vertraglich definierte Rolle hinausgeht, so hat sie doch angekündigt, dass sie von jetzt an nichts mehr tun würde, bis die europäischen Staaten das Nötige getan haben, um mehr Föderalismus zu realisieren.

DCB Deswegen veröffentlichen wir dieses Manifest: Es ist höchste Zeit, dass die Politiker eine Debatte darüber beginnen, was für ein Europa sie wünschen, oder eigentlich, was für eine Art von Europa unbedingt notwendig ist, um aus den Krisen, die wir erleben, herauszukommen. Mit anderen Worten: Wir haben keine Zeit mehr für zögerliche Gedanken über das Europa, das wir uns wünschen würden, jetzt müssen wir das Europa konstruieren, das notwendig geworden ist.

GV Das Problem ist, dass die Politiker zuallererst der öffentlichen Meinung in ihrem eigenen Land verpflichtet sind und nicht der aller europäischen Bürger. Sie denken »lokal«, bevor sie »kontinental« denken. Wir wollen ihnen erklären, dass das nationale Interesse und das europäische Interesse ein und dasselbe sind und dass das europäische Interesse den Schutz des nationalen Interesses bestimmt.

Man fragt sich manchmal, ob die Politiker die theoretischen Instrumente haben, um den europäischen Gedanken weiterzudenken. So hat zum Beispiel Nicolas Sarkozy während der Wahlkampagne für die Präsidentschaftswahl 2012 für eine »Föderation der Regierungen« plädiert, zwei Begriffe, die einander ausschließen. Das ist so, als würde man sich eine regnerische Sonne wünschen oder einen sonnenbeschienenen Regen …

DCB Das hat eine lange Tradition. Vor ihm hat schon Jacques Delors von einer »Föderation der Nationalstaaten« gesprochen, um das Wort Föderalismus zu vermeiden. Es ist niederschmetternd. Man muss zugeben, dass das europäische Ressort in der Nachkriegszeit nicht mehr funktioniert hat. Nicolas Sarkozy hat zugegeben, dass Frankreich ohne Europa in der Welt nicht viel Gewicht hat, aber es ist schwierig für einen französischen Präsidenten das einzugestehen, denn es entleert seine Funktion von einem großen Teil ihres Inhalts. Seine »Föderation der Regierungen« ist eigentlich der Versuch, ein französisch-deutsches Directoire zu schaffen, die Herrschaft der zwei Großen über Europa, die sicherstellen könnte, dass Frankreich, und damit auch sein Präsident, noch immer zählt.

GV Trotzdem haben Berlin und Paris in ihrem Management der Eurokrise kläglich versagt. Der europäische Rat der Staats- und Regierungschefs erwies sich als unfähig, etwas anderes als halbe Lösungen zu beschließen, die nichts geregelt haben. In diesem Parlament schafft man es nicht, das nationale Niveau zu überwinden. Diese »Führer« sehen nichts als die Summe der nationalen Interessen, die dem europäischen Interesse nicht gleichkommt. Dabei müssen wir auf europäischem, auf föderalem Niveau handeln.

DCB Die Idee dieser »Föderation der Regierungen« muss Nicolas Sarkozy gekommen sein, als er in der zweiten Jahreshälfte 2008 die rotierende Präsidentschaft der EU übernommen hat. Als der Georgien-Konflikt ausbrach, sprang der Chef des französischen Staates und Präsident des Europarates in sein Flugzeug, verhandelte mit Medwedjew und schaffte es, ihn von einer Invasion des Landes abzubringen. Das war ein großer persönlicher Triumph für ihn, ein Allmachtgefühl: Präsident von Frankreich und von Europa – was für eine Zukunft!

GV Auch wenn das in Georgien funktioniert hat, bei der Eurokrise war das nicht der Fall ... Zuerst wollte Deutschland Griechenland bankrott gehen lassen und hat sogar dafür plädiert, dass es den Euro verlässt. Schließlich hat es sich von Frankreich überzeugen lassen, Griechenland weiter zu unterstützen. Dann, im Oktober 2010, kam die deutsch-französische

Einigung von Deauville, die vorsieht, dass Staatsschulden in der Eurozone in Zukunft restrukturiert werden können, was zu einer neuen Panik führte und Irland und Portugal dazu zwang, selbst um Hilfe anzusuchen. Weil das nicht ausreichte, haben sie den Brand im Juli 2011 wieder entfacht, als sie sich entschlossen, die Schulden Griechenlands zu restrukturieren. Jedes Mal haben Berlin und Paris bilaterale Verträge abgeschlossen, die darauf abzielten, die Interessen beider Parteien zu wahren. Das aber ist nicht das Interesse Europas. Das Interesse Europas ist wichtiger und anders als das von Deutschland oder Frankreich. Die europäischen Banken zu retten ist etwas anderes, als die französischen oder deutschen Banken zu retten.

Anders gesagt: Eine Finanzkrise kann man nicht regeln, indem man diplomatische Kompromisse eingeht.

GV Genau. Niemand leugnet mehr, dass eine gemeinschaftliche Währung ohne eine politische, steuerliche und wirtschaftliche Union nicht überleben kann. Es gibt auf der Welt oder in der Geschichte kein einziges Beispiel für eine Währung, die ohne Staat existiert hat. Aber die Regierungen ziehen einem wirklich föderalen Zugang, der die Krise hätte lösen können, immer noch hastig improvisierte Maßnahmen vor. Die Europäische Föderation wird vielleicht eines Tages existieren, aber nur gegen den Willen vieler Politiker.

DCB Aber wir haben keine Zeit mehr, die Dinge hinauszuzögern. Die Zuspitzung der Krise zwingt uns, uns schnell zu entscheiden.

GV Warum hat man nicht schon nach dem Ersten Weltkrieg in Europa einen einheitlichen Markt eingeführt, was uns allen viele Probleme erspart hätte? Weil damals die Idee des

Nationalstaates so stark war, dass niemand dazu imstande war, sich vorzustellen, dass man sie überwinden könnte. Es bedurfte der totalen Niederlage Europas 1945, um anzufangen, anders zu denken.

Tatsächlich ist es Frankreich erst durch das französisch-britische Abenteuer der Suez-Krise 1956 deutlich geworden, dass es nicht mehr zu den Großmächten der Welt gehört. Unter koordiniertem Druck aus Amerika und der Sowjetunion mussten London und Paris sich aus Ägypten zurückziehen, das sie nach der Nationalisierung des Suezkanals okkupiert hatten. In diesem Moment traf Großbritannien die Wahl, den Vereinigten Staaten bedingungslos zu folgen, während Frankreich auf Europa gewettet hat, um sich noch einen Manöverraum zu erhalten. Es ist kein Zufall, dass der Vertrag von Rom im Jahr darauf unterzeichnet wurde. Nach dem Zweiten Weltkrieg dauerte es also mehr als zehn Jahre, bis das gemeinsame Abenteuer wirklich angegangen wurde.

DCB In diesem Zeitraum, zwischen 45 und 57, gab es politische Persönlichkeiten wie Jean Monnet, Robert Schuman oder auch Altiero Spinelli, die es gewagt haben, die Organisation der europäischen Staaten auf eine Weise zu denken, die in Richtung Föderalismus führte. Sie haben gegen die Mehrheit gedacht: In einem bescheideneren Ausmaß wollen auch wir das tun. Wir wollen die politische Klasse Europas herausfordern, indem wir ein neues Projekt vorschlagen, das geeignet ist, Europa aus den gegenwärtigen Krisen hinauszuführen. Natürlich: Ich kann die Kritik jetzt schon hören: All dies ist sehr schön, aber zu radikal, nicht möglich ... Die Alternative ist einfach: Entweder wir machen weiter wie bis jetzt, d. h. ein Europa der kleinen Schritte, des Zögerns, der kleinen Kompromisse, und verlieren jeden Tag die Öffentlichkeit ein wenig mehr, oder wir definieren eine viel radikalere Vision, um den Menschen eine politische Perspektive zu geben.

Ich behaupte nicht, dass Europa an sich ein Wundermittel ist, aber ich verteidige die Idee, dass wir ohne Europa nicht aus der Krise, mit der wir konfrontiert sind, hinauskommen, denn nur dieser politische Raum ist adäquat, um auf Weltniveau mit entscheiden zu können. Das bedeutet natürlich nicht, dass andere Debatten, zum Beispiel über die Notwendigkeit einer Sozialpolitik, einer Harmonisierung der Steuerpolitik, über Protektionismus und so weiter, verschwinden werden. Als Karl Marx sich die Frage einer bürgerlichen Revolution stellte, dachte er, sie sei ein notwendiger Schritt um die proletarische Revolution möglich zu machen. Für ihn handelte es sich um einen historischen Prozess. Diese Argumentation kann perfekt auf die Konstruktion der Gemeinschaft angewendet werden.

Heißt das, dass die Ablehnung Europas reaktionär ist?

DCB Absolut. Der Euroskeptizismus ist reaktionär und schädlich für die Bürger, denn die Euroskeptiker wollen die Bürger schutzlos ausliefern.

GV Die Euroskeptiker wollen, dass wir auf ein System der Nationalstaaten zurückfallen, dessen Bankrott in Europa offensichtlich ist. Wir wollen diese falsche Idee bekämpfen, dass nur ein Nationalstaat uns vor der globalisierten Welt von morgen schützen kann, denn das ist nicht der Fall, sei es auf gesellschaftlicher, ökologischer oder kommerzieller Ebene. Von nun an organisiert sich die Welt um Pole herum, die man als Imperien bezeichnen kann, mit aller Vorsicht, die dieses Wort impliziert: Die Vereinigten Staaten, China oder auch Indien sind Imperien, keine Nationalstaaten. Der indische Subkontinent ist ein gutes Beispiel dafür, was getan werden muss:

Es ist ein geographischer Raum, in dem Dutzende von Ethnien zusammenleben, die Dutzende von Sprachen sprechen und eine Vielzahl von Religionen praktizieren. Trotzdem ist es unbestreitbar eine einzige Entität und sogar eine demokratische.

Aber Europa ist kein Imperium.

GV Genau das ist das Problem! Europa muss ein »Imperium« im guten Sinne des Wortes werden, d. h. ein kontinentaler Pol, der fähig ist, auf freiwilliger Basis unterschiedliche Nationen, Ethnien, Kulturen und Religionen zu vereinigen. Allerdings leiden wir immer noch darunter, dass wir im achtzehnten Jahrhundert die Nationalstaaten und den Nationalismus, der mit ihnen einhergeht, erfunden haben, und wir tun uns schwer damit, sie zu überwinden. Aber die Krise der Eurozone zwingt uns vielleicht dazu, uns zu bewegen: Die Dinge ändern sich immer erst unter Zwang.

Warum haben Sie Ihr Manifest nicht vor zehn Jahren veröffentlicht?

GV Krisen schaffen Möglichkeiten. Solange alles gut geht, hat man den Eindruck, dass es ewig so weitergehen wird. Am Anfang des einundzwanzigsten Jahrhunderts war die europäische Wirtschaft von starkem Wachstum geprägt, und man dachte, dass man mit der Strategie von Lissabon bis 2010 den kompetitivsten Wirtschaftsraum der Welt schaffen würde ... Fast alle Verantwortlichen dachten, dass die Architektur der Eurozone befriedigend war und dass man so weitermachen könnte. Heute gibt es nur noch wenige Verantwortliche, die meinen, dass eine wirtschaftliche und budgetäre Union nicht notwendig ist. Die Politiker machen nur dann das, was nötig ist, wenn sie mit dem Rücken zur Wand stehen.

*Und dabei haben Sie, Herr Verhofstadt, 2006, als sie Premierminis-
ter von Belgien waren, ein Buch publiziert, das die Erschaffung der
»Vereinigten Staaten von Europa« vorschlug.*

GV   Ah, das hat einen schönen Skandal im Europäischen
Rat gegeben. Einige meiner Kollegen haben mich gefragt, ob
ich völlig durchgedreht sei. Ich habe es als Antwort auf das
Scheitern des Verfassungsvertrags 2005 geschrieben.

*Aber zum Zeitpunkt des Vertrags von Nizza im Jahr 2000, dessen
Scheitern der Ursprung des europäischen Verfassungsvertrags ist,
waren Sie noch kein Föderalist!*

GV   Aber als Belgier ist man von Natur aus Föderalist!

*Ich habe gesehen, wie Sie als Verteidiger der belgischen Interessen
nach Nizza kamen. Sie sind im Laufe der viertägigen, mit gezoge-
nen Messern geführten Debatten zwischen den Staaten, die zum
schlechtesten jemals geschriebenen Vertrag geführt haben, zum
Föderalisten geworden.*

GV   Es ist wahr, dass ich die Debatte in Nizza mit der
Frage der Rechtegleichheit der Stimmen im Ministerrat zwischen Belgien und den Niederlanden begonnen habe, was man
als Verteidigung der belgischen nationalen Interessen sehen
könnte. Wenn man aber die Gleichheit, die bis dahin zwischen
unseren beiden Ländern bestanden hatte, aufgehoben hätte,
dann schien es mir, dass man das Gleiche auch zwischen
Frankreich und Deutschland hätte tun müssen. Man kann
nicht sagen, dass es zwei Kategorien von Staaten gibt, die großen, die gleich sind, und die anderen, deren Gewicht im Rat
von ihrer Bevölkerung abhängt. Das lief darauf hinaus, dass es
eine Art europäisches Directoire der Großen gegeben hätte.
Diese sture Verteidigung der nationalen Interessen hat mir zu

denken gegeben. Besonders weil es der einzige Gipfel war, den ich kannte, der nach getaner Arbeit selbst zugegeben hat, dass der geschlossene Vertrag unbefriedigend war und dass man die Arbeit so schnell wie möglich wieder aufnehmen müsse. In Nizza wurde beschlossen, die Konvention ins Leben zu rufen, die den europäischen Verfassungsvertrag redigieren würde, der dann leider auch gescheitert ist.

DCB Ich glaube, dass jeder Mensch, der Macht ausübt, beginnt, in bilateralen Beziehungen zwischen Staaten zu denken. Das ist in die Festplatte der europäischen nationalen Verantwortlichen eingraviert. Ihnen das vorzuwerfen wäre unsinnig. Es ist das Gewicht des Rates in den europäischen Beschlüssen, das man in Frage stellen muss. Es ist normal, dass es einen Europäischen Senat gibt, in dem die Regierungen das Interesse ihres nationalen Raumes verteidigen, so wie es im amerikanischen Senat ist oder auch im Bundesrat. Das Problem liegt darin, das Gleichgewicht zwischen dieser gesetzgebenden Institution und denen zu finden, die das europäische Interesse vertreten, d.h. dem Europäischen Parlament und der Kommission.

Guy und ich sitzen im Parlament, und deswegen haben wir dieses Manifest geschrieben, um die Zukunft mitzugestalten. Es schien uns am besten, dass das zwei Personen tun, die überhaupt nicht derselben politischen Familie angehören, sonst wäre es zu einfach… Wir sind nicht immer derselben Meinung über die politischen Lösungen, aber alles, was es sagt, soll einer bestimmten Vision von Europa dienen.

Europäische Institutionen auf Abwegen

Man beschuldigt immer die Regierungen, aber in den letzten fünf-zehn Jahren hat die Europäische Kommission hauptsächlich durch Abwesenheit geglänzt.

DCB Das ist richtig. Die Kommission hat das Monopol der Gesetzesinitiativen, eine maßgebliche Macht. Sie könnte also zum Beispiel einen Vorschlag zur Vergemeinschaftung der Schulden auf den Tisch bringen. Das tut sie aber nicht.

Trotzdem hat sie Ende 2011 ein Grünbuch zu diesem Thema vorge-stellt.

GV Wenn man nichts entscheiden will, macht man ein Grünbuch ... Warum bringt sie keinen Gesetzesentwurf über die Schaffung eines Amortisierungsfonds ein, für alle nationalen Schulden, die sechzig Prozent des Bruttoinlandsproduktes übertreffen, oder eine Variante davon? Das hätte einen sehr günstigen Effekt auf die Märkte, und die Staaten, die dagegen sind, hätten große Schwierigkeiten, ihn zu blockieren. Die Kommission sieht davon ab, weil sie ihre Unabhängigkeit verloren hat und ein Werkzeug in den Händen der großen Staaten ist.

DCB Die Kommission ist ein Kind des Europäischen Rates: Er designiert den Präsidenten und die Kommissare, auch wenn das Europäische Parlament seine Zustimmung geben muss. Im historischen Rückblick hat es nur eine einzige starke

Kommission gegeben, nämlich die von Präsident Jacques Delors (1985–1994), weil François Mitterrand und Helmut Kohl an ihn die Schaffung eines gemeinsamen Binnenmarktes und dann auch einer gemeinsamen Währung delegiert hatten. Delors genoss das Vertrauen und die Unterstützung des französisch-deutschen Paares. Aber 1991, nach dem Vertrag von Maastricht, waren die großen Staaten einschließlich Großbritanniens durch die Delors-Jahre geimpft und haben es vorgezogen, schwache Kommissionen zu haben: Die europäische Exekutive ist langsam zum Sekretariat des Rates verkommen. José Manuel Durao Barroso, der gegenwärtige Präsident der Kommission, wurde auf Vorschlag aus London ernannt, weil er die Inkarnation dieser neuen Rolle war, die des Vermittlers zwischen den Staaten. Und seit der Erschaffung des Postens des Präsidenten des Europarates 2010 wird ihm sogar diese Rolle streitig gemacht!

GV Momentan bringt die Kommission nur dann Gesetzesnovellen ein, wenn sie vorher die Zustimmung einiger großer Staaten bekommen hat, besonders von Frankreich und Deutschland. Das führt natürlich zum Verschwinden des Initiativrechts. Es sind also die Staaten, die in der Praxis dieses Recht innehaben. Jedes Mal, wenn ich bei der Kommission anfrage, warum sie sich in dieser oder jener Sache enthalten hat, antwortet man mir, dass man nicht die Zustimmung von diesem oder jenem großen Staat bekommen hat und dass es deswegen überhaupt keinen Sinn habe, in eine Schlacht zu ziehen, die schon von vornherein verloren ist. Das ist völlig falsch: Ein Gesetzesentwurf schafft eine Dynamik, besonders in Bereichen, in denen mit einer qualifizierten Mehrheit entschieden wird.

DCB Die Kommission könnte sich auch auf das Europäische Parlament stützen. Wenn wir die Gesetzesentwürfe mit ihrer Zustimmung modifizieren könnten, noch bevor sie im Ministerrat vorgelegt werden, würde hierdurch ein Raum für Debatten zwischen den Regierungen auf der einen Seite und Kommission und Parlament auf der anderen entstehen. Wenn es uns dann noch gelingen würde, die nationalen Parlamente von dieser gemeinsamen Position zu überzeugen, hätten wir eine wirklich europäische Debatte.

GV   Es ist noch schlimmer: Die Kommission versucht, anstatt der Mitgliedsstaaten die Parlamentarier davon zu überzeugen, ihre Meinung zu ändern.

DCB   Die Kommissare sehen sich noch immer viel zu sehr als Repräsentanten ihrer Länder, was für die europäische Exekutive dramatisch ist. Von dem Moment an, in dem man zum Kommissar ernannt wird, repräsentiert man Europa und nicht sein eigenes Land in der Kommission. Es ist wahr, dass im Parlament dasselbe Problem besteht: Es gibt die nationalen Delegationen, die sich als Repräsentanten ihres Staates verhalten, besonders wenn sie der Regierungsmehrheit angehören.

Das ist der Fall bei der deutschen Delegation. In einigen Fragen, die das nationale Interesse berühren, haben die Grünen nicht gezögert, gemeinsam mit den Liberalen und den Christdemokraten zu stimmen. Das war zum Beispiel 2001 so, als es um die Direktive zur Liberalisierung der Möglichkeiten von Übernahmeangeboten ging. Bei den Franzosen oder Italienern sieht man das übrigens nie: Bei ihnen ist der ideologische Aspekt immer wichtiger als der nationale.

DCB   Das ist nicht immer so. 1999, während der deutschen Präsidentschaft der Union, hat Gerhard Schröder, damals Kanzler, den Außenminister und früheren Parteichef der Grünen Joschka Fischer gebeten, mich anzurufen, um mich zu bitten, die deutsche Position zu einem Richtlinienvorschlag zu

unterstützen. Joschka sagte ihm, das sei verlorene Liebes-
müh … Aber es stimmt, dass die Regierungen Druck auf ihre
Abgeordneten ausüben, sicherlich im Fall von Deutschland,
aber auch Spanien, wo Zapatero zum Beispiel die sozialistische
Delegation Spaniens angewiesen hat, für eine Direktive über
die Abschiebung von Ausländern ohne Aufenthaltsgenehmi-
gung zu stimmen, obwohl sie das nicht wollte. Die beiden
Abgeordneten sind dieser Abstimmungsanweisung nicht ge-
folgt und waren 2009 nicht mehr auf der Liste der PSOE, der
Spanischen Sozialistischen Arbeiterpartei. Das ist ein echtes
Problem, denn wenn das Europäische Parlament als Verteidiger
der nationalen Interessen agiert, verliert es seine Glaubwürdigkeit und seine Legitimation.

*Das Europäische Parlament ist schon strukturell »national«, denn
die Abgeordneten werden auf nationaler Basis gewählt: Diese Ab-
wege sind also nicht erstaunlich. Die Kommission andererseits war
lange strukturell europäisch, trotz seiner Nominierungsmodalität
(Ernennung durch die Regierungen). Hängt das nicht auch damit
zusammen, dass die Personen, aus denen sie sich zusammensetzt,
zum Großteil ausgewählt wurden, weil sie politisch schwach waren?*

DCB Das ist richtig. Die einzige Möglichkeit, dem Präsidenten der Kommission Macht und Unabhängigkeit zu geben, wäre eine allgemeine Wahl, wie es der deutsche Finanzminister, der Christdemokrat Wolfgang Schäuble, vorschlägt.
So würde er tatsächlich zum Präsidenten der Union und hätte
die notwendige Legitimation, um mit den Regierungschefs auf
Augenhöhe zu sprechen.

GV Das Europäische Parlament könnte ihn auch ernen-
nen, wie einen Regierungschef in einer parlamentarischen
Demokratie.

DCB Natürlich, aber in diesem Fall wäre es zumindest nötig, transnationale Wahllisten zu haben, damit das Europäische Parlament nicht nur eine einfache Gegenüberstellung der unterschiedlichen nationalen Parteien ist. Die Person, die eine transnationale Liste anführt und die Wahlen gewinnt, würde so automatisch Präsident der Kommission. Aber das könnte nur eine Übergangsperiode sein: Eine allgemeine Wahl würde die Situation enorm aufrütteln.

Wie kann man in allgemeiner Wahl eine Person wählen, die nicht die eigene Sprache spricht?

DCB Niemand spricht alle dreiundzwanzig Sprachen der Union. Es genügt völlig, Personen zu finden, die vier oder fünf Sprachen sprechen. Doch ich gebe zu, dass dies in einigen Ländern ein Problem darstellen könnte. Aber ich glaube, wir können dieses Problem vergessen: Schließlich spreche ich nicht Griechisch, wenn ich mit Griechen spreche, aber ich finde trotzdem Gehör.

Trotzdem erfordert es erheblichen Optimismus zu glauben, dass die gegenwärtige Zerstückelung der öffentlichen nationalen Räume durch einen Wahlmechanismus überwunden werden könnte.

GV Das ist richtig, aber es gibt noch andere Reformen, die man eher angehen muss, um einen öffentlichen europäischen Raum zu schaffen, der uns im Moment schrecklich fehlt. In unserem Manifest schlagen wir zum Beispiel vor, dass eine besondere Steuer das europäische Budget aufstockt oder auch eine direkte Verbindung zwischen den Bürgern und der europäischen Politik schaffen würde. Denn die Basis jedes demokratischen Systems ist die parlamentarische Kontrolle von Steuern und Ausgaben.

DCB Der Nationalstaat ist gleichbedeutend mit sozialer Sicherheit, die einen beschützt, wenn man krank ist, wenn man arbeitslos wird oder in Rente geht, mit der Erziehung, die uns prägt und auf die Zukunft vorbereitet, der Armee, die uns verteidigt, wenn wir angegriffen werden. Der Prozess der europäischen Integration muss über diese Themen ablaufen.

Wäre es zum Beispiel nicht möglich, die Arbeitslosenversicherung zu vergemeinschaftlichen? Das würde es einerseits erlauben, Transfers zwischen Staaten, deren Wirtschaft im Wachstum begriffen ist, und anderen Staaten zu realisieren, und würde es andererseits zum Interesse der transferierenden Staaten machen, die Empfängerstaaten weiterzubringen.

GV Alle möglichen Systeme sind vorstellbar. Wenn es aber darum geht, für welches wir uns entscheiden, dann ist es wichtig, daran zu denken, dass ein föderales Europa das soziale Element stark betonen muss, um in den Augen seiner Bürger Legitimität zu besitzen. Es geht natürlich nicht darum, alles nach unten zu nivellieren. Es kommt zum Beispiel nicht in Frage, von den Niederländern, die das beste Rentensystem der Union haben und eine garantierte Pension mit ungefähr sechzig Prozent des letzten Gehaltes bekommen, zu verlangen, irgendetwas aufzugeben. Es geht lediglich darum, einen minimalen Sockel zu definieren, der in allen Ländern der Union gültig ist, auch wenn es weiterhin Unterschiede gibt. Ein föderaler Staat muss nicht einheitlich sein, um praktikabel zu sein. Das ist zum Beispiel auch in den Vereinigten Staaten der Fall, wo der Unterschied zwischen den Lebensstandards der einzelnen Staaten genauso groß ist wie in der Eurozone. Während die Europäische Union allerdings momentan stärker harmonisierte Normen hat als die Vereinigten Staaten, so geht man dort wesentlich weiter im Hinblick auf eine gemeinsame Politik, besonders wegen des föderalen Budgets, das dreiundzwanzig Prozent des Bruttoinlandsprodukts umfasst. Unsere Herausforderung ist jetzt, dasselbe zu tun und gegen eine Idee von Europa zu kämpfen, die sich auf einen großen Markt beschränkt, so wie es Großbritannien will.

Sind die Staaten der Eurozone nicht im Moment dabei, ein undemokratisches Monster zu schaffen? So hat zum Beispiel eine Serie von Regulativen (das sixpack und das twopack) der Europäischen Kommission Kompetenzen über die nationalen Budgets gegeben, die effektiv die Macht der Parlamente begrenzt, ohne dass irgendein demokratisches Gegengewicht bestehen würde. Auch mit dem EFSF und dem ESM ist es so, denn sie haben direkte Auswirkungen auf die finanzielle Verantwortlichkeit des Staates. Die Debatte über die Eurobonds, also die europäischen Obligationen, wird auch falsch geführt: es geht nicht darum, der Union zu erlauben, unter der Kontrolle des Europäischen Parlamentes Geld auf den internationalen Märkten zu leihen, sondern einen Mechanismus zu finden, der es den Staaten erlaubt, dank einer europäischen Unterschrift billig an Geld zu kommen. Kurz gesagt: Riskieren wir ohne den Sprung ins Föderale nicht eine echte technokratische Diktatur?

GV In einer Krise wird oft improvisiert, was zu angreifbaren Resultaten führt. Aber es ist nur eine Übergangsphase, und es ist möglich, diese Improvisation zu einem guten Ende zu bringen und eine föderale Union zu schaffen, die eine demokratische Kontrolle erlaubt. Man darf die Ordnung der Dinge nicht umkehren: Zuerst es ist jetzt der britische Staat, dann die britische Demokratie. Zuerst besteht der französische Staat, dann die französische Demokratie. Es ist nicht die Demokratie, die den Staat schafft, sondern andersrum, und diese Bewegung wird immer von einer bürgerlichen Elite getragen. Das britische Beispiel ist sehr deutlich: Bis Mitte des neunzehnten Jahrhunderts hatten nur fünf oder sechs Prozent der Männer das Wahlrecht. Es dauerte bis 1918, bis alle Männer wählen durften, und erst 1928 bekamen auch Frauen das Wahlrecht. Deswegen glaube ich, dass es falsch ist zu sagen, wir müssten erst eine funktionierende Demokratie schaffen, bevor eine europäische Föderation entstehen kann.

DCB Ich glaube, mit solchen historischen Parallelen muss man vorsichtig sein. Wir sind nicht mehr im England oder Frankreich des neunzehnten Jahrhunderts, wir leben in offenen demokratischen Gesellschaften. Die Entscheidungen der politischen Elite müssen von einer gesellschaftlichen Bewegung begleitet werden, was die politische Dynamik beschleunigt. Man kann die Frage der Demokratie nicht einfach auf später verschieben, sonst entfremdet man die Bürger der Union noch mehr. Aber ich gebe zu, dass die Demokratisierung selbst keine Garantie dafür ist, dass sich die Bürger mit Europa identifizieren, ein fundamentaler Baustein, wenn wir wollen, dass sie es annehmen. Das ist ein komplizierter Weg, besonders wenn man weiß, dass die nationale Identität in vielen Ländern durch Revolutionen und Befreiungskämpfe entstanden ist, anders als im europäischen Prozess, denn die Bürgerkriege, die unseren Kontinent verwüstet haben, sind etwas ganz anderes.

GV Die Grundlage der Revolutionen ist der Wille zur politischen und wirtschaftlichen Teilhabe, so dass nicht mehr alle Früchte in die Hände von wenigen Regierenden fallen. Das war so in der »Glorious Revolution« 1688 und auch der Französischen Revolution 1789. Europa ist nicht so weit von diesem Modell entfernt: Es darf nicht mehr die exklusive Domäne der Regierungen sein, sondern es muss sich seinen Bürgern öffnen.

DCB Was wir in unserem Manifest vorschlagen, könnte man als eine Revolution betrachten. Aber wir müssen die demokratische Basis ausweiten. Das Problem ist, dass wir eine hochpolitische Debatte führen, die allerdings bis jetzt noch nicht die Bürger mobilisiert hat.

GV Das liegt sicherlich auch daran, dass es keine europäische Sozial- oder Erziehungspolitik gibt, Bereiche also, die die Bürger direkt betreffen.

DCB Deswegen schlagen wir zum Beispiel die Schaffung eines europäischen Sozialservice vor, damit alle Europäer die Möglichkeit haben, ein oder zwei Jahre in einem anderen europäischen Land zu arbeiten. Das Geld dafür käme von dem europäischen Budget und von den Betrieben und würde es jedem Europäer ermöglichen, die Realität der Gemeinschaft wahrzunehmen. Wir sind allerdings auch mit einem großen politischen Desinteresse konfrontiert. Die Wahlergebnisse und die Wahlteilnahme zeigen, dass Europa in einer politischen Krise steckt. Nur Wahlen, die als besonders wichtig wahrgenommen werden, wie die französischen Präsidentschaftswahlen oder die deutschen Bundestagswahlen, mobilisieren die Wähler noch.

GV In den Vereinigten Staaten kann man dasselbe beobachten ...

DCB Man hört immer wieder das Argument, dass die Bürger sich den europäischen Wahlen verweigern, weil Europa für sie zu abstrakt, zu weit entfernt von ihren Interessen ist. Aber bei den letzten Gemeindewahlen in Frankfurt, bei denen man den Bürgermeister direkt wählen kann, lag die Wahlbeteiligung bei sechsunddreißig Prozent! Wenn also Europa zu weit weg ist, ist dann die Gemeinde zu nahe? Seien wir ehrlich: Das politische Desinteresse betrifft nicht nur Europa. Hier kommen wir zu der fundamentalen Frage des öffentlichen Raumes in Europa, der sich nur durch die Dramaturgie der Wahlen konstituieren kann.

Die Wahl der europäischen Parlamentsabgeordneten ist nicht wirklich ein großer Erfolg bei den Bürgern…

DCB …weil sie im nationalen Rahmen stattfindet, was überhaupt keine europäische Dynamik aufkommen lässt, denn man wählt nicht für eine Mehrheit auf europäischem Niveau. Es handelt sich einfach darum, die bestehende Mehrheit zu sanktionieren oder zu unterstützen. Dieser Konstruktionsfehler muss behoben werden. Ein Teil der Abgeordneten könnte auf transnationalem Niveau gewählt werden, das sie dazu zwingen würde, in mehreren Ländern Wahlkampf zu machen. Man könnte auch entscheiden, dass die politische Partei (Konservative der PPE, der Europäischen Volkspartei, Liberale, Sozialisten, Grüne, etc.), die die meisten Stimmen bekommt, automatisch auch den Präsidenten der Kommission stellt, ein Posten, den man mit dem des Präsidenten des Europäischen Rates fusionieren müsste. Auf diese Weise ginge es bei den europäischen Wahlen darum, den Präsidenten der Union zu wählen, was eine wirkliche politische Dynamik schaffen würde. Es würde in ganz Europa eine einzige Kampagne geben und nicht siebenundzwanzig nationale Debatten. Natürlich ist es auch möglich zu entscheiden, dass der Präsident der Union in einer allgemeinen Wahl direkt gewählt wird.

GV Man könnte sich auch vorstellen, dass Kandidaten in unterschiedlichen Kreisen und verschiedenen Ländern gleichzeitig antreten können, denn die meisten Europa-Abgeordneten wollen keine transnationalen Wahllisten.

DCB Das einfachste System wäre es, dass die Personen, die sich um das Amt des Präsidenten der Union bewerben, auch die Liste in allen europäischen Ländern anführen.

GV ...oder nur in bestimmten europäischen Ländern, wenn sie das wollen. D. h., ich glaube dass die wichtigste Frage für die Entstehung einer europäischen Demokratie und ihrer Institutionen die Frage der Steuern ist. Wenn in Bezug auf das europäische Budget keine direkte Steuer von den Bürgern gibt, dann wird es nie möglich sein, eine europäische Demokratie zu schaffen.

No representation without taxation, *um die amerikanische Formel einmal umzudrehen...*

GV Wenn man für etwas bezahlt, dann interessiert man sich dafür.

DCB Wer entscheidet über die Steuern? Die politischen Repräsentanten. Also hat Guy Recht.

GV Deswegen verweigern die Staaten jede direkte Steuer, die den europäischen Budget zugutekommt, und nicht weil das zu einer Erhöhung der Zahlungen führen würde, wie sie unrichtigerweise vorgeben. Sie wollen, dass Europa eine internationale Organisation bleibt, die sie direkt finanzieren und deswegen auch kontrollieren, ohne dass die Bürger auch nur ein Wort mitreden können. Wir müssen die Macht dem Volk geben, das direkt entscheiden soll, welche Mittel sie Europa zur Verfügung stellen wollen.

Auf dem Weg zum Föderalismus

Natürlich, aber weder die Staaten noch die politischen Parteien wollen mehr von ihrer Souveränität abgeben. Das haben wir 2003 gesehen, bei der Konvention, die den europäischen Verfassungsvertrag ausarbeiten sollte: Die Abgeordneten der nationalen Mehrheiten haben sich geweigert, weiter in Richtung Integration zu gehen.

GV Das ist wahr, aber man muss bedenken, dass niemand nach der Meinung der Wähler fragt! Wie ich schon gesagt habe, sie haben die Wahl zwischen den Listen der Euroskeptiker von links oder von rechts und den klassischen Parteien, die mit den Status quo zufrieden sind, der in keiner Weise föderal ist, auch wenn die Anti-Europäer das behaupten.

DCB Sogar Europe Écologie zieht es vor sich zu verstecken oder dagegen zu stimmen, wenn es darum geht, europäische Entscheidungen zu treffen ... Man konnte diese Einstellung bei der Abstimmung in Frankreich über den Europäischen Stabilitätsmechanismus (ESM) beobachten: EELV (Europa Ökologie – Die Grünen) hat sich der Stimme enthalten!

GV Deswegen brauchen wir eine radikal pro-europäische Kraft, die eine föderale Union vertritt.

DCB Wir können die Voraussetzungen ändern, wir können aus dem aktuellen Euroskeptizismus herauskommen, wenn wir den Bürgern eine klare Zukunftsvision geben, die wir die »postnationale Revolution« nennen und die uns aus der Krise befreien kann.

Wie soll dieser Sprung konkret gelingen? Indem eine neue Konvention berufen wird, um einen neuen Vertrag zu schreiben?

GV Eine Konvention ohne Unterstützung von Seiten der Völker hat keinerlei Chance auf Erfolg.

DCB Wir schlagen vor, dass sich das europäische Parlament nach den Wahlen 2014 im Einverständnis mit dem Ministerrat, der anderen mitlegislativen Kammer selbst zur verfassunggebenden Versammlung erklärt und eine europäische Verfassung schreibt, die nicht einfach nur die bestehenden Verträge resümiert, wie das 2004 der Fall war. Dieser Text muss die Prinzipien einer europäischen Föderation resümieren, und er muss kurz sein. Er muss durch ein Referendum in allen Ländern mit doppelter Mehrheit (die Mehrheit der Staaten und der Bürger) beschlossen werden. Staaten, die »nein« gewählt haben, müssen sich im Anschluss daran jedenfalls per Referendum entscheiden, ob sie in dem neuen, föderalen Europa bleiben oder es verlassen wollen.

GV Das wäre der »Philadelphia-Moment« Europas, wie 1785, als die Vereinigten Staaten beschlossen haben, von der Konföderation zu einer Föderation zu werden. Um die Einstimmigkeit zu umgehen, haben sie beschlossen, dass die neue Verfassung mit einer Mehrheit von neun von dreizehn Stimmen angenommen werden müsse. Warum diese Zahl? Weil neun Staaten für die Aufgabe der Einstimmigkeit waren, während vier daran festhielten. Letztere hatten die Wahl: entweder sie akzeptierten die Regel des neun / dreizehn, oder sie gingen ihrer Wege. Rhode Island war nach langem Zögern der letzte der dreizehn Gründerstaaten, der das angenommen hat.

DCB 1949 wurde das deutsche Grundgesetz von allen Ländern außer Bayern akzeptiert. Trotzdem ist Bayern Teil der Bundesrepublik und respektiert das Grundgesetz ... Wenn wir dieses Prinzip nicht auch in Europa anwenden, dann kommen wir nie zu einem Ergebnis. Ich akzeptiere, dass wir ein Problem hätten, wenn Deutschland oder Frankreich die neue Verfassung ablehnen würden. Aber dieses Risiko müssen wir eingehen. Es muss einen Moment geben, in dem die Völker klar sagen, was sie wollen, und über ihre eigene Zukunft entscheiden.

Der Föderalismus mit siebenundzwanzig Mitgliedern wird unmöglich sein ...

GV Er wird sich aus den Ländern zusammensetzen, die sich dazu entschlossen haben.

DCB 1990 glaubte auch niemand, dass der Euro von siebzehn Ländern angenommen würde. Die Union hat eine Anziehungskraft, die sich nicht verleugnen lässt. Die Staaten und die Bürger merken genau, dass sie sich nicht allein schützen und ihren Einfluss in der Welt von heute sichern können. Ich bin überzeugt, dass die Völker für Europa stimmen würden.

Sogar die Briten?

DCB Sie müssen sich entscheiden. Entweder sie bleiben in Europa, oder sie versuchen der einundfünfzigste Bundesstaat der Vereinigten Staaten zu werden.

Sie können auch in Europa bleiben und versuchen, jeden Fortschritt zu blockieren.

DCB In dem konstituierenden Prozess, den wir vorschlagen, wäre das nicht mehr möglich. Ich kann es kaum abwarten, dieses doppelte Referendum in Großbritannien mitzuerleben. Dann heißt es nicht mehr *I want my money back*, sondern *you get nothing back*. Das Gleiche gilt für Schweden, die Tschechische Republik oder Slowenien, die sich entscheiden müssten, ob sie allein bleiben oder der Mehrheit beitreten wollen.

GV Das wäre ihre Wahl!

DCB Ich bin absolut zuversichtlich. Wenn wir den konstituierenden Prozess erreichen, diesen revolutionären Moment, wäre ich sehr überrascht, wenn die Bürger dieser Länder entscheiden würden, die Union zu verlassen.

Und Sie glauben, dass eine Föderation mit siebenundzwanzig Mitgliedern effizient funktionieren könnte?

DCB In Philadelphia gab es dreizehn amerikanische Staaten. Wenn man ihnen damals erzählt hätte, dass es einmal fünfzig sein würden, hätten sie das nie geglaubt.

GV … und jetzt sind fünfzig Staaten stärker vereinigt, als es die dreizehn waren! Wir müssen uns von dieser Vision eines Europa der Nationalstaaten verabschieden, in dem die Zahl eine Rolle spielt. Wir sprechen jetzt von einem föderalen Europa, einer geteilten Souveränität, einer öffentlichen Meinung, die von der der Staaten getrennt wäre. Das wäre das Europa der Bürger, ein postnationales Europa.

DCB Aber dieses Europa würde nicht in 2015 oder 2016 geboren werden.

GV Warum nicht?

DCB Das wäre viel zu früh. Es geht darum, alle politischen Familien herauszufordern, seien es die Pro-Europäer, die nicht den Mut haben, zu ihrer Überzeugung zu stehen, oder die Anti-Europäer, um eine wirkliche Debatte zwischen allen öffentlichen Meinungen der Union zu provozieren.

Deswegen veröffentlichen wir unser Manifest in verschiedenen Ländern gleichzeitig: Wir fordern die politischen Parteien heraus, uns zu antworten und uns ihr eigenes Projekt darzulegen. Natürlich: ohne Erfolgsgarantie.

Es ist nicht sicher, dass Sie eine Antwort bekommen werden: Wir sind in einer Periode des Rückzugs auf sich selbst, der Abschottung, nicht der Öffnung zu anderen, des politischen Mutes...

DCB Genau deswegen geben wir diesem Ameisenhaufen einen kräftigen Tritt. Auch die Deklaration der Menschenrechte 1789 war schließlich sehr idealistisch!

GV Zu glauben, dass der Status quo andauern kann, ist wirklichkeitsfern.

Das Problem heute ist, dass es keine starke politische und pro-europäische Kraft mehr gibt, wie etwa die MRP (Mouvement républicain populaire) in Frankreich in den fünfziger Jahren oder die CDU bis 2000. Riskieren Sie nicht, in ein gewaltiges Loch zu fallen?

DCB Das Risiko besteht. Deswegen will Guy Verhofstadt auch eine große pro-europäische Allianz für die kommenden Wahlen, die die Liberalen, die Grünen, die Sozialisten und die Konservativen umfassen soll.

Geht es also darum, die Achse rechts-links zu verlassen und eine Achse der Pro- und Anti-Europäer zu schaffen?

DCB Nein, nicht »pro« und »anti«. Er möchte eine europäische föderalistische Partei gründen, gegen die Europäer des Status quo und die Euroskeptiker.

Das Problem ist: Diese Idee kann nur mit mir gemeinsam funktionieren... Die politische Realität sieht anders aus. Allerdings kann man sich einen »europäischen Pakt« vorstellen, der eine parteiübergreifende Vorwahl organisiert, um den Kandidaten der Föderalisten für das Amt des Kommissionspräsidenten zu designieren. Die Listen könnten sich unabhängig voneinander den Wählern stellen, aber wenn die Unterzeichner des Paktes die Mehrheit der Parlamentssitze erreichen, würden sie ihren Kandidaten im Europarat durchsetzen. Dieser Prozess würde mehrere Millionen europäische Bürger mobilisieren, die zwischen dem Liberalen Guy Verhofstadt, dem Grünen Dany Cohn-Bendit, dem Sozialisten Martin Schulz, der Liberalen Sylvie Goulard, dem schwedischen Konservativen Carl Bildt etc. wählen könnten. Ich hoffe immer noch, dass ich eines Tages erleben werde, dass die europäischen Grünen zu einer wirklichen europäischen ökologischen und föderalistischen Partei werden.

Diese Hypothese verleugnet die Unterschiede zwischen rechts und links nicht.

DCB Sie bestehen, das kann man nicht verleugnen. Dritte Option: Die Grünen, die Liberalen und diejenigen, die es wollen, bringen im Parlament so rasch wie möglich eine Resolution ein, die die Kommission dazu auffordert, das Wahlverfahren zu reformieren, um es einem europäischen Bürger zu ermöglichen, in mehreren Ländern zu kandidieren, was es möglich machen würde, europäische Spitzenkandidaten zu stellen.

Warum sollte man das Wahlrecht auch bei nationalen Wahlen nicht allen Europäern geben, um eine transnationale politische Dynamik zu schaffen? Das würde die Kandidaten zwingen, bei ihren nationalen Kampagnen auch die europäische Dimension im Auge zu behalten.

DCB Im Manifest schlagen wir vor, dass eine europäische Staatsbürgerschaft das ermöglicht. Man könnte sogar einen wirklichen europäischen Pass haben, auf dessen Umschlag kein Nationalstaat genannt ist.

GV Wer sind die Franzosen? Die Europäer, die auf französischem Staatsgebiet leben. Wir schlagen eine neue Interpretation der Staatsbürgerschaft vor.

DCB Es erstaunt die Menschen immer noch, dass ich einmal in Frankreich und einmal in Deutschland gewählt werde. Alle glauben, dass ich eine doppelte Staatsbürgerschaft besitze, was aber nicht der Fall ist: Ich bin Deutscher. Aber bei europäischen Wahlen kann ich überall antreten. Das muss auch bei nationalen Wahlen der Fall sein.

Die französische Linke scheint inzwischen weniger zurückhaltend zu sein, was eine politische Union betrifft, sieht aber die finanzielle Solidarität als eine Vorbedingung an, während es bei den Deutschen andersrum ist…

DCB Die Position der französischen Linken ist widersprüchlich. Das sieht man an Schengen. Im Gegensatz zur Rechten will sie die Reisefreiheit nicht antasten, will aber den Staaten das Recht geben, über eine Suspendierung zu entscheiden, wenn das durch eine »Überflutung« von Ausländern nötig sein sollte. Das europäische Parlament denkt genau das Gegenteil: Die Beurteilung einer »kritischen« Situation an einer Grenze muss Europa obliegen, um zu vermeiden, dass man den nationalen Populisten in die Hände spielt. Insbesondere würde das eine demokratische Kontrolle durch das Parlament über die nationale, souveräne Entscheidung der einzelnen Regierungen möglich machen. Schließlich manifestiert die französische Weigerung ein großes Misstrauen gegenüber den europäischen Institutionen: Alles läuft ab, als meinte man, dass die Union schon von Natur aus den Staaten schaden wolle, was wirklich dümmlich ist… Die französische oder deutsche Grenze ist heute vor allem eine europäische Grenze. Man kann über den Grenzschutz diskutieren wie auch über Asylpolitik und Immigration – aber im europäischen Kontext. Zu glauben, dass man sich hinter nationalen Grenzen schützen kann, ist Unsinn. Der französische Souveränismus ist sowohl auf der rechten als auch auf der linken Seite noch immer anwesend.

GV Gleichzeitig ist es wichtig, sich daran zu erinnern, dass es noch eine andere französische Tradition gibt. Es ist die von Jean Monnet, Robert Schuman und Jacques Delors, die das Kommen eines echten europäischen Föderalismus wollten. Um auf Ihre Frage zu antworten: Ich glaube, man darf die politische Union und die finanzielle Solidarität nicht gegeneinander ausspielen. Wir müssen beide gleichzeitig realisieren. Ich gehe sogar noch weiter und sage, dass die Solidarität ein Grundelement der politischen Union ist. Deutsche und Franzosen müssen aus ihren Schützengräben kommen. Wenn sie das nicht tun, steuern wir auf eine Katastrophe zu!

DCB In Deutschland gibt es einen immensen Graben zwischen Worten und Taten. Während die Deutschen vorgeben, eine politische Union zu wollen, verhalten sie sich oft genau wie die Franzosen, wie wir im Fall von Schengen gesehen haben, während sie gleichzeitig alles tun, um der Europäischen Kommission so viel Macht wie möglich hinsichtlich der Kontrolle nationaler Budgets zu geben. Das ist widersprüchlich. Auch was die Außenpolitik angeht, kann man nicht sagen, dass Kohärenz herrschen würde. Man kann nicht gleichzeitig eine politische Union fordern und sich im Sicherheitsrat der UNO der Stimme enthalten, allein gegen alle anderen Europäer, wenn es um die Intervention in Libyen geht. Berlin hat gezeigt, dass es unfähig ist, die politische Dimension der europäischen Entscheidung zu verstehen. Für die Regierung Merkel ist die politische Union ein Feigenblatt, das eine völlige Abwesenheit von strategischem Denken kaschieren soll. Auf französischer Seite herrscht eine ähnliche Unklarheit: Die finanzielle Solidarität ist notwendig für eine politische Union, aber das impliziert eine Hinterfragung der Souveränität auch im Hinblick auf soziale Politik, und darüber möchte man in Paris nicht sprechen.

Auch wenn man davon ausgeht, dass die Deutschen nicht absolut ehrlich sind, gibt es nicht trotzdem einen fundamentalen Unterschied im Zugang zwischen den Deutschen und den Franzosen im Hinblick auf den Föderalismus? Für die Franzosen bedeutet der Föderalismus im Prinzip einen Machtverlust von Paris, von dem die Union profitiert, während er für die Deutschen eher die Sicherheit darstellt, von höherer Stelle geschützt zu werden, ohne dass die Souveränität wirklich darunter leidet.

GV Das liegt daran, dass der französische Staat zentralisiert ist, während der deutsche Staat föderal ist. Ein föderaler Staat sieht im europäischen Föderalismus eine Garantie dafür, dass jeder auf seinem Niveau tut, was er tun sollte. Es geht nicht darum, in Brüssel einen Superstaat zu errichten, der alles übernimmt. Natürlich wird es politische Konvergenzen geben, aber alle Seiten behalten einen Manövrierraum.

DCB Die erste Manifestation der Souveränität dieses europäischen Föderalismus wird ein echtes europäisches Budget sein, das auch nationale Politik unterstützen kann, ohne die Autonomie der nationalen Budgets zu kompromittieren. In den Vereinigten Staaten beträgt das föderale Budget dreiundzwanzig Prozent des amerikanischen Bruttosozialproduktes bei gleichzeitiger absoluter Autonomie der Budgets der einzelnen Staaten. Was noch besser ist: Es gibt eine *No-bail-out*-Klausel, die es verbietet, bankrotte Staaten zu retten.

Die Vereinigten Staaten haben 1841 beschlossen, die föderalen Staaten nicht mehr zu retten, wenn sie bankrott gehen.

DCB In der Tat. Bis dahin kam der föderale Staat den einzelnen Staaten zu Hilfe. Seitdem ist es zu Ende. Kalifornien muss ganz allein einen Ausweg finden, aber man darf nicht vergessen, dass mehrere soziale Budgets auch aus dem föderalen Budget gespeist werden und dass die föderale Regierung auch in den einzelnen Staaten investiert. Wir bräuchten dasselbe in Europa: Wir müssen von null anfangen, ein glaubwürdiges föderales Budget schaffen, sagen wir zehn Prozent des Bruttoinlandsproduktes der Union, also tausendzweihundert Milliarden Euro pro Jahr, und wir brauchen glaubwürdige föderale Politiker.

GV Das ist die einzige Möglichkeit, die Krise der Eurozone zu beenden. Was ist der Unterschied zwischen den Vereinigten Staaten, Japan und uns? Die anderen beiden haben ein glaubwürdiges Budget und eine zentrale Autorität.

DCB … mit einer echten demokratischen Kontrolle.

Jens Weidmann, der Präsident der Bundesbank, hat erklärt, dass es zwei mögliche Modelle gibt. Das erste ist das Maastrichter Modell, das dem amerikanischen ähnlich ist und vorsieht, dass jeder Staat mit der Verwaltung seiner Finanzen allein zurechtkommt. Weil niemand ihm zu Hilfe kommen kann, braucht er eine »goldene

Regel«, um zu verhindern, dass er ins Schleudern gerät. Das andere Modell ist das des föderalen deutschen Staates: Eine gemeinsame finanzielle Verantwortung, die eine starke politische Union voraussetzt. Aber Weidmann folgt seiner Argumentation nicht weit genug, denn er vergisst zu sagen, dass beide Modelle ein großes Budget erfordern.

GV Tatsächlich: Das Maastrichter Modell kann nur funktionieren, wenn es ein Budget gibt.

DCB Das Budget muss aus einer eigenen Quelle gespeist werden, d. h. aus europäischen Steuern.

GV Für die Bürger ändert sich nichts: Sie zahlen weiterhin ihre vierzig oder fünfundvierzig Prozent Steuern, nur dass davon ein Teil nach Europa und ein anderer Teil an die Staaten fließt. So ist es auch in den Vereinigten Staaten.

Allerdings sind die Daten absolut nicht auf dieser Linie, denn sie wollen das Budget der Union für die Periode 2014 – 2020 sogar reduzieren.

GV Wie viel Glaubwürdigkeit hat das Budget der Gemeinschaft mit einem Prozent des Bruttoinlandsprodukts? Die Antwort liegt bereits in der Frage. Um das Problem der notwendigen Solidarität und der Vergemeinschaftung der Mittel zu umgehen, haben die Regierungen einen anderen Weg gewählt, der darin besteht, den Staaten eine sehr rigide Budgetverwaltung aufzuerlegen, denn dort ist die Wirklichkeit der Macht. Aber diese Disziplin, die für alle dieselbe ist, ist sinnlos. In den Vereinigten Staaten sind die einzelnen Staaten nicht denselben Regeln unterworfen. Wenn der Markt den Vereinigten Staaten vertraut und ihnen zu niedrigen Zinssätzen Geld leiht, dann liegt es daran, dass dahinter die Garantie des föderalen Budgets steht.

*Die amerikanischen Schulden, von denen man spricht, sind die des
föderalen Staates und nicht die der Staaten oder der lokalen Ver-
waltungen.*

GV   Genau das möchte ich sagen: Wenn die Union ein
föderales Budget gehabt hätte, das dem der Vereinigten Staaten
entspricht, dann wäre es gar nicht zur aktuellen Krise gekommen. Die Schulden Amerikas, auf allen Ebenen, sind wesentlich höher als die der Eurozone, aber die Vereinigten Staaten
haben keinerlei Finanzierungsproblem, genau wie Japan, dessen Schulden zweihundert Prozent des Bruttosozialprodukts
übersteigen! In einem föderalen Europa mit einem anständi-
gen Budget würde die Tatsache, dass Griechenland oder Spani-
en Probleme haben, die Union als Ganzes nicht tangieren,
denn diese Länder hätten denselben Stellenwert wie etwa Kalifornien oder Rhode Island im Vergleich zu den Vereinigten
Staaten. Weil wir aber keinen föderalen Staat mit einem seriö-
sen föderalen Budget haben, mit eigenen Ressourcen, mit
Schulden, die vom föderalen Staat garantiert werden, kann
eine kleine Ökonomie wie die Griechenlands, die zwei Prozent
des Bruttoinlandsproduktes der Eurozone repräsentiert, eine
globale Krise auslösen. Die Lösung liegt auf der Hand, sie
springt uns geradezu in die Augen.

Die Gründerväter der Europäischen Union hatten schon
in den fünfziger Jahren geplant, dass das aus eigenen Quellen
finanzierte Budget der Union steigen müsse. Diese Quellen
waren damals das Einkommen aus Zöllen beim Eintritt in die
Union, »Abgaben« auf importierte landwirtschaftliche Pro-
dukte und ein Prozentsatz der Mehrwertsteuer. Aber diese Ressourcen, die noch immer existieren, sind kleiner geworden
und wurden marginalisiert von einem Beitrag der einzelnen
Staaten, der aufgrund ihres Bruttoinlandsproduktes berechnet

wird, was ihnen erlaubt, jede Erhöhung der »finanziellen Perspektiven« bei den Verhandlungen alle sieben oder fünf Jahre zu blockieren. Wir müssen dieses System verlassen, indem wir europäische Ressourcen aktualisieren.

DCB Man verlangt immer mehr von Europa, gibt ihm aber immer weniger. Die Regierungen sehen das europäische Budget als eine hassenswerte Zwangsabgabe. Es ist das Festival nationaler Egoismen. Ein gutes Beispiel hierfür sind die Niederlande, die 2006 eine Steigerung der Verwaltungssteuer von zehn auf fünfundzwanzig Prozent erreicht haben, eine Steuer, die sie auf Importe erheben, die für den europäischen Markt bestimmt sind, die aber im Hafen von Rotterdam erhoben wird. Tatsächlich erheben sie eine Steuer auf den europäischen Zoll. Damals war übrigens Guy Verhofstadt Premierminister von Belgien, und er hat nichts gesagt, denn der Hafen von Antwerpen, das andere große Tor zur Union, profitierte auch von diesem Arrangement.

GV Das ist wahr.

DCB Man muss dazu wissen, dass Gelder, die in einem Jahr nicht ausgegeben werden, das Budget im folgenden Jahr nicht erhöhen, sondern den Staaten zurückerstattet werden. Die Staaten beziehen diese Rückzahlungen in ihre Budgetentwürfe ein und behandeln sie wie eigene Ressourcen. Das regt nicht gerade zum Ausgeben an …

Das Budget der Gemeinschaft ist also ein Schweizer Käse.

DCB Wenn das Budget aus Ressourcen käme, die nicht von den Staaten abhängen, würden auch diese davon profitieren, denn sie würden die Summen sparen, die sie jetzt jedes Jahr zahlen (Frankreich zwanzig Milliarden, Deutschland einundzwanzig Milliarden etc.). Um das Budget der Union zu speisen, könnte man die Mehrwertsteuer erhöhen (ein kleiner Teil davon würde ins Unionsbudget einfließen) und Steuern auf Kohlendioxid-Emissionen oder finanzielle Transaktionen erheben. Auch die Sektoren der mobilen Telekommunikation und des Internets könnten spezifisch besteuert werden. Das würde den gemeinschaftlichen Institutionen (Kommission, Europäisches Parlament, Ministerrat) eine echte politische Macht geben und sie in den Augen der Öffentlichkeit legitimieren.

GV Man könnte auch bestimmte Ausgaben wie zum Beispiel die Forschung oder die Verteidigung zusammenlegen. Insgesamt betragen die amerikanischen Militärausgaben heute die Hälfte aller amerikanischen Ausgaben, was bereits gigantisch ist. Aber wir können operationell nur ein Zehntel so viele Missionen durchführen wie die Vereinigten Staaten, weil unsere Mittel zersplittert sind: Jedes Land hat seinen eigenen Geheimdienst, eine taktische und strategische Kapazität, einen Gesundheitsdienst – kurz gesagt, wir duplizieren siebenundzwanzigmal dasselbe!

Ist der Schlüssel zur Schatzkammer einer Währungsunion also weniger die politische Union als ein konsequentes Budget?

DCB Nein, im Gegenteil. Ein konsequentes Budget setzt eine Regierung voraus, die über dessen Verwendung entscheidet. Genau das ist das Problem derjenigen, die über eine politische Union sprechen, ohne ein Budget einzubeziehen.

Wie kann man Frankreich davon überzeugen, dass es durch den Föderalismus nicht geschwächt wird?

DCB Frankreich glaubt noch immer, dass es große Macht hat, obwohl das nicht mehr der Fall ist. Man muss sich nur ansehen, was für Reaktionen auf den Vorschlag von Michel Rocard, eines ehemaligen Premierministers, kamen, als er vorschlug, die nukleare Kapazität des Landes, die *force de frappe*, abzuschaffen, um Einsparungen zu machen. Er hat Recht: Die Bedrohungen von heute sind Terrorismus und lokale Guerillatruppen, gegen die eine nukleare Kapazität nichts hilft. Atombomben sind auch keinerlei Hilfe bei militärischen Interventionen mit »humanitärem« Charakter, wie es auf dem Balkan oder in Libyen der Fall war und wie es vielleicht in Syrien der Fall sein wird. Die atomare Schlagkraft ist nichts weiter als die Illusion der Macht, obwohl völlig klar ist, dass sie nutzlos ist. Denken wir auch an den permanenten Sitz Frankreichs im Sicherheitsrat der Vereinten Nationen, der ihm so wichtig ist, obwohl es nicht ein einziges Mal von seinem Vetorecht Gebrauch gemacht hat. Während des zweiten Irakkrieges war Frankreich gegen die Vereinigten Staaten diplomatisch erfolgreich, weil es mit deutscher Unterstützung eine Mehrheit im Sicherheitsrat erreichte.

GV   In dem Manifest schlagen wir also vor, dass die nationalen Sitze zu europäischen Sitzen werden.

Aber stellt die europäische Außenpolitik nicht bestenfalls das Risiko der Lähmung dar, weil derjenige, der am wenigsten sagt, immer gewinnt, und schlimmstenfalls eine Ausrichtung nach den Vereinigten Staaten? 2003 war die Mehrheit der europäischen Länder für den Krieg im Irak...

GV   Das ist ganz einfach so, weil Europa nicht existiert. Was ist die NATO? Eine Organisation von Nationalstaaten, die von den Vereinigten Staaten dominiert wird, weil sie über zwei Drittel der militärischen Kapazität verfügen.

DCB   Trotzdem ist die NATO nicht im Irak einmarschiert,

weil die Mehrheit das nicht wollte. Deswegen gab es die *coalition of the willing* und nicht die NATO.

Gleichzeitig haben sie Recht, die französische Besorgnis über eine europäische Außenpolitik zu unterstreichen. Aber ich bin überzeugt, dass dies anders sein würde, wenn wir ein echtes Europa hätten, das seine Politik im Interesse der Gemeinschaft definiert und nicht mehr als Resultat der Summe der nationalen Einzelinteressen. Heute kann man es sich noch leisten, im Falle Libyens einen Bruch zu riskieren, weil man die Entscheidung nicht gemeinschaftlich treffen muss.

GV Weil es keine europäische Diplomatie und Verteidigung gibt, können wir die Entscheidungen auch nicht gemeinsam treffen. 2002, während des Europäischen Rates in Spanien, dessen Präsident José Maria Aznar war und an dem ich als belgischer Premierminister teilgenommen habe, haben wir ganze zwei Minuten über den Irak gesprochen. Jacques Chirac und Tony Blair haben sogar gesagt, es sei nicht nötig, weil unsere Meinungen so unterschiedlich seien. Mit Libyen war es dasselbe. Nur eine europäische Verteidigungspolitik würde uns dazu zwingen, gemeinsame Positionen zu finden.

Sie können nicht verleugnen, dass, abgesehen von Frankreich und Großbritannien, die Europäer sich als eine Schweiz oder ein kleines China sehen und nicht als die neuen Vereinigten Staaten von Amerika. Europa ist ein alter Kontinent, der jeder Idee von Macht entsagt…

DCB Weder Frankreich noch Großbritannien hat noch die Ressourcen, um seine Ambitionen zu finanzieren. In Libyen mussten die Amerikaner ihnen Munition bereitstellen. Die alten Mächte weigern sich, der Wirklichkeit der Welt von heute klar ins Auge zu sehen… Unsere Ohnmacht der Realität in

Libyen gegenüber war nur eine Wiederholung dessen, was wir schon während des Balkankrieges erlebt hatten. Ein Krieg, der eine Flugstunde von den europäischen Hauptstädten geführt wurde! Ein Krieg, während dem die europäischen Streitkräfte nicht imstande waren, die Massaker von Sarajewo, Vukovar, Dubrovnik und Srebrenica zu verhindern. Die Lektion ist deutlich. Nur eine europäische Armee, die mobil und technologisch auf dem neuesten Stand ist, kann in Zukunft unsere Werte und unsere Unabhängigkeit verteidigen. Übrigens wäre diese europäische Armee auch wesentlich billiger. Anstatt wie heute mehr als zwei Millionen bewaffnete Soldaten zu haben, hätten wir eine Armee von dreihundertfünfzig- oder vierhunderttausend Soldaten, die wenn nötig überall in der Welt zum Einsatz kommen könnten. Zusätzlich dazu könnten wir eine zivile europäische Einsatztruppe gründen, wie sie einmal der Kommissar Michel Barnier vorgeschlagen hat, eine Truppe, die im Fall von ökologischen und industriellen Katastrophen eingreifen könnte.

Die nationale Identität und Europa

Ist ein föderales Europa möglich, obwohl es keine europäische Identität gibt, sondern nur einander widersprechende nationale Identitäten?

GV Die Nationalisten reduzieren die Identität auf Sprache, ethnische Zugehörigkeit oder Rasse. In Wirklichkeit haben die Menschen multiple Identitäten in verschiedenen Bereichen: Familie, Region, Nation, Geschichte, Sexualität, Politik etc. Es ist die Summe dieser Identitätsschichten, die die Einzigartigkeit eines Individuums ausmacht. Die nationale Identität ist nicht die wichtigste, die alle anderen nivelliert, besonders da Menschen in der modernen Welt die Möglichkeit haben, ihre eigene Identität zu wählen. Von einer »europäischen Identität« zu sprechen heißt schon, in die Falle der Nationalisten zu tappen.

Ist wenigstens ein europäischer Patriotismus vorstellbar?

DCB Ich traue mich von einem europäischen Patriotismus zu sprechen. Jürgen Habermas hat die Idee des »Verfassungspatriotismus« entwickelt, der es erlaubt, sich nicht mit einer nationalen oder geographischen Entität zu identifizieren, sondern mit seinen Werten, was die Falle des Nationalismus vermeidet. Für Europa funktioniert das wunderbar. Man kann ein Patriot von Europa als einer politischen Realität sein.

Bestimmt die politische Struktur also teilweise unsere Identität?

DCB Nein, sie bestimmt unsere Beziehung zum politischen Raum. Ein europäischer Bürger will vor Krieg, Krankheit, Krisen, Klimaveränderung und ökologischen Katastrophen beschützt werden, wie auch vor dem Zerfall des Lebensraums durch eine unkontrollierte Globalisierung. Der politische Raum, der diese Bedingungen am besten erfüllt, ist deutlich Europa.

Geht es nicht eigentlich darum, eine »Nation der Nationen« zu schaffen, wie Jean Monnet das formuliert hat?

DCB In gewisser Weise. Das wäre ein zivilisatorischer Fortschritt.

GV Die Menschheitsgeschichte zeigt eine Entwicklung, wenn auch offensichtlich keine lineare, von Stämmen hin zu Regionen, Königreichen und Nationalstaaten. Von nun ab organisieren wir uns auf kontinentaler Ebene, was für die europäische Zivilisation einen Schritt nach vorne darstellt.

DCB Gegenüber dem Feudalismus war der Nationalstaat ein Fortschritt, der supranationale Raum ist es gegenüber dem Nationalstaat. Wir müssen jetzt einen subkontinentalen politischen Raum schaffen.

Gleichzeitig waren die regionalen Ansprüche noch nie so stark wie heute, besonders in Europa.

GV Das widerspricht der Idee eines multikulturellen Europa nicht. Der europäische Föderalismus berücksichtigt ja gerade diese regionalen Gefühle. Deutschland zeigt, dass man einen föderalen Staat mit starken Ländern haben kann.

Sicher, aber diese Länder sind nicht auf ethnischer und sprachlicher
Basis konstituiert. In manchen Ländern, wie Belgien, Spanien oder
Italien, gründet sich die Forderung nach Unabhängigkeit auf die
Idee, dass nur Räume, die ethnisch, sprachlich und wirtschaftlich
homogen sind, auch effizient funktionieren können.

GV   Der Föderalismus erlaubt es verschiedenen Volks-
gruppen, Religionen und Sprachen, in einem politischen Raum
solidarisch zusammenzuleben.

Der Regionalismus von heute ist nicht solidarisch: Die Forde-
rungen des Regionalismus basieren oft auf der Idee, dass man wirt-
schaftlich von ärmeren Menschen ausgenutzt wird, die nicht der
eigenen Gemeinschaft angehören. Sehen Sie das Beispiel Flandern.

GV   Dieses Moment, das ich nicht bestreite, rührt daher,
dass die Regionen für ihre Autonomie kämpfen mussten,
gegen einen Staat, der ihre Identität verleugnete. In Deutschland und den Vereinigten Staaten verlief der Prozess andersrum: Dort waren es die Länder bzw. einzelnen Staaten, die
beschlossen haben, gemeinsame Sache zu machen, und wir
haben nicht dasselbe Phänomen des Egoismus erlebt.

DCB   Man sollte trotzdem klarstellen, dass der deutsche
Föderalismus in seiner demokratischen Erscheinungsform,
d. h. der Föderalismus, der die Souveränität der Regionen an-
erkennt, erst nach 1945 entstanden ist. Davor war Deutschland
auf die Vorherrschaft Preußens begründet. Auch den regionalen Egoismus kann man nicht verleugnen. Weil der Nationalstaat heute nicht imstande ist, uns gegen die Globalisierung zu
verteidigen, glauben viele, dass kleinere Räume effektiver
funktionieren würden, auch gegen diejenigen, die nicht aus
derselben Region stammen und die als Bedrohung angesehen
werden. Das ist augenscheinlich falsch: Die Region ermöglicht

keinerlei zusätzlichen Schutz, es ist sogar genau das Gegenteil. Wenn ein Staat unfähig ist, der Globalisierung etwas entgegenzusetzen, wie sollte eine Mikroregion das schaffen? Der einzig angemessene Raum ist der europäische, der allein imstande ist, unsere Lebensart den anderen großen kontinentalen Räumen gegenüber zu vertreten.

Ist Europa das, was Europa tut? Was verbindet die Europäer untereinander?

GV Wenn man durch Europa reist, stellt man fest, dass die Architektur überall ähnlich ist, dass die Städte einander gleichen.

DCB Man kann den italienischen Platz auch in Polen wiederfinden.

GV Die Farben Italiens in Schweden.

Und das Christentum?

GV Überhaupt nicht! Die Bosnier und die Albaner sind Europäer, aber sie sind keine Christen. Sie sind Moslems geworden, weil ihnen das erlaubte, den osmanischen Herrschern weniger Steuern zu zahlen. Was übrigens wieder die kulturelle Bedeutung der Steuer illustriert …

DCB Natürlich spielt das Christentum eine Rolle in der europäischen Geschichte. Aber parallel dazu sind der Kampf gegen den Würgegriff der Religion, die Trennung von Kirche und Staat oder zumindest der privaten und öffentlichen Sphäre und das Aufkommen der Demokratie Teil der europäischen Zivilisation. Man muss auch hinzufügen, dass die jüdische Diaspora ein integraler Bestandteil der europäischen Kultur ist.

GV Der Literatur-Nobelpreisträger Elias Canetti beginnt seine Autobiographie *Die gerettete Zunge* damit, zu erklären, dass er in Russe geboren wurde, Rucuk auf Türkisch, einer Stadt an der Donau, an der ungarisch-rumänischen Grenze, in der man sieben Sprachen sprach: Bulgarisch, Rumänisch, Russisch, denn in allen guten Familien gab es russische Frauen, die dort arbeiteten, Ladino, ein spanischer Dialekt, der mit der sephardischen Diaspora gekommen war, die sich in Russe angesiedelt hatte, Katalanisch, weil es auch katalanische Juden dort gab, Türkisch, weil es lange zum Osmanischen Reich gehörte und weil auch türkische Minderheiten dort lebten, und Deutsch, denn fürs Wochenende ging man nach Wien. Das ist das Europa, das in zwei Weltkriegen zerstört wurde.

DCB Seit 1945 hat sich der Islam in Europa angesiedelt und ist stärker geworden. Heute gibt es mehr Moslems als Niederländer in Europa. Europa entwickelt sich weiter, und der Islam wird eine Entwicklung durchmachen wie das Christentum, das, wenn auch nicht ohne gewaltsame Konflikte, die Trennung zwischen privatem und öffentlichem Raum akzeptieren musste. Es gibt sogar eine Rückkehr der Juden nach Europa: Heute leben mehr als fünfzigtausend Israelis in Berlin. All dies ist Europa.

Jacques Le Goff schreibt in Die Geburt Europas im Mittelalter, *dass die Türkei nicht zum europäischen Zivilisationsraum gehört, weil der christlich ist. Für ihn endet Europa am Bosporus.*

GV Aber das widerspricht der gesamten europäischen Geschichte! Die Ottomanen, die über vierhundertfünfzig Jahre hinweg den Balkan besetzt hielten, spielen eine fundamentale Rolle für unsere Kultur. Das Osmanische Reich ist einer der grundlegenden Faktoren der europäischen Politik.

Der Feind ist immer ein grundlegender Faktor einer Außenpolitik ...

GV Aber es war nicht der Feind! Es gab viel mehr Bündnisse zwischen den Briten und der Hohen Pforte als zwischen Frankreich und England. Die Europäer haben den Osmanen sogar in ihren Kriegen gegen Russland geholfen, als die Zaren ihr Imperium bis ans Schwarze Meer ausdehnen wollten.

DCB Man muss auch daran erinnern, dass die Moslems über siebenhundertfünfzig Jahre hinweg in Spanien präsent waren und dass die europäischen Kolonialreiche sich im neunzehnten und zwanzigsten Jahrhundert einen großen Teil der islamischen Welt zu eigen gemacht haben. Heute sucht die muslimische Welt ihren Platz in Europa, einen Platz, den sie auch wegen des Laizismus nur schwierig findet. Die europäische Zivilisation beinhaltet heute einen Teil der muslimischen Welt, das ist die Wirklichkeit. Das stellt auch eine Chance dar: Wir bekämpfen zwar den radikalen und fundamentalistischen Islam, aber nicht die muslimische Religion.

Ist das der Grund, warum Sie beide für einen Beitritt der Türkei zur Union sind?

DCB Diesen Zug haben wir verpasst. Wir haben es sehr klar gemacht, dass wir die Türken nicht in der Union wollen, und sie haben sich von Europa abgewendet. Die aktuelle Entwicklung ist sehr beunruhigend. Die islamistische Regierung verletzt immer öfter die fundamentalen Werte Europas, was einen Beitritt in weite Ferne rückt.

Momentan spielen in Europa viele politische Parteien die Betonung von kulturellen Unterschieden aus, wie zum Beispiel während der französischen Debatte über die nationale Identität, die von Nicolas Sarkozy, dem früheren Staatschef, losgetreten wurde.

DCB Leider haben die politischen Parteien die Tendenz, an der öffentlichen Meinung zu kleben.

GV Sie fragen sich, was die Öffentlichkeit denkt, und beschließen dann, dasselbe zu denken, was natürlich die Vorurteile verstärkt. Ich glaube im Gegenteil, dass die Politiker eine Idee haben müssen, eine Vision, ein Projekt, von dem sie die Öffentlichkeit überzeugen müssen. Die öffentliche Meinung kann man schaffen. Heutzutage reduziert sich die Demokratie viel zu oft auf den Populismus.

DCB Es geht darum, ob man von der Intelligenz der Gesellschaft ausgeht oder nicht. Wir müssen eine neue Art von Dialog zwischen den Politikern mit einer Vision und den Bürgern schaffen, die darüber debattieren. Nur das erlaubt uns, eine europäische Öffentlichkeit zu schaffen. Momentan scheint es nur darum zu gehen, was Angela Merkel oder François Hollande denken.

Die Europäer fühlen sich Europa nicht zugehörig. Einige Beobachter meinen, dass sich dieses Gefühl nur schaffen lässt, wenn man auf dem Schlachtfeld Europa kämpft, wenn man Blut vergossen hat. Was meinen Sie?

GV Haben nicht der Erste und der Zweite Weltkrieg das getan?

DCB Tatsächlich hat die Blut- und Feuerprobe einige visionäre Verrückte dazu veranlasst, die Gründung einer Union zu vertreten, weil man sich nicht weiter gegenseitig umbringen und gleichzeitig derselben Zivilisation angehören konnte. Stéphane Hessel hat das sehr gut formuliert: »Europa wurde in Buchenwald geboren.« Europa wurde in den Schützengräben von Verdun und den Todeslagern geboren. Europa hat die Feuerprobe hinter sich. Die europäische Besonderheit ist der

Bruch mit der Geschichte, die Schaffung eines geopolitischen Raums ohne Krieg und ohne dass ein Land auf die Vorherrschaft besteht.

GV Wir setzen eher auf Intelligenz und Vernunft …

DCB Das ist die Kraft und auch die Schwäche des europäischen Projektes.

Ist es also nicht notwendig, unsere Soldaten zum Sterben in den Iran zu schicken, damit wir uns als Europäer fühlen?

DCB Ich sage nicht, dass es in spezifischen Situationen niemals militärische Interventionen geben wird, aber Europa ist kein kriegerisches Projekt und braucht kein vergossenes Blut, um zu existieren. Wir sind ein Raum, in dem sich Konflikte durch das Recht regeln lassen, ein wirtschaftlicher und sozialer Raum, in dem das Wohlergehen jedes einzelnen gefördert werden soll, ein Raum, der Normen exportiert und keine Gewalt. Um das Gefühl der Zusammengehörigkeit zu vertiefen, schlagen wir zum Beispiel vor, dass jeder Europäer die Möglichkeit hat, mindestens ein Jahr mit einem garantierten Grundgehalt in einem anderen europäischen Land zu arbeiten.

GV Im achtzehnten Jahrhundert mussten die jungen Intellektuellen Deutschlands eine Reise durch Italien machen, das war obligatorisch. Allerdings gab es keine Grenzen, und sie brauchten keinen Pass.

DCB Nicht der Krieg, sondern das gemeinsame Leben wird das Gefühl der Zusammengehörigkeit schaffen.

GV Ihre Frage setzt voraus, dass eine fremde Macht Europa besetzen will und die Europäer dazu zwingt, sich gemeinsam zu verteidigen. Aber das wird niemals der Fall sein! Glücklicherweise gibt es keine Sowjetunion mehr, die das globale Gleichgewicht auf diese Weise bedroht.

Um es kurz zu sagen: Wenn ich Ihnen zuhöre, dann gibt es keine dritte Alternative zwischen einem postnationalen Europa und dem Nationalstaat. Schlimmer noch: Ihnen zufolge ist eine Rückkehr zum Nationalstaat das sicherste Weg, von der Landkarte der Welt zu verschwinden.

DCB Seien wir deutlich: Europa ist unser Rettungsring in den quälenden Krisen, mit denen wir konfrontiert sind. Ich glaube, wir haben gezeigt, wie komplex die finanzielle, ökonomische und Identitätskrise ist. Und gleichzeitig ist die Utopie eines föderalen Europa viel mehr als eine Rettung aus dieser Krise. Das föderale Europa ist das, was ich als eine »plausible Utopie« bezeichne. Vielleicht ist es die letzte politische Utopie, die von diesem Kontinent ausgeht, der so brutal von totalitären und mörderischen Utopien verwüstet worden ist. Die Emanzipation der Europäer wird das Werk der Bürger selbst sein.

GV Wenn Daniel und ich trotz unserer so unterschiedlichen politischen Wege – angefangen mit einem radikalen Neoliberalismus bei mir und einem libertären Radikalismus bei ihm – die Notwendigkeit empfunden haben, dieses Manifest zu schreiben, dann nur, weil wir begreifen, was auf dem Spiel steht. Dadurch haben wir uns auf diese plausible Utopie zubewegt, auf ein föderales und postnationales Europa. Das ist keine Fata Morgana, sondern ein reales politisches Projekt, das uns die Mittel an die Hand gibt, unsere Ambitionen für die Zukunft realisieren zu können.